はじめてでも
おいしく作れる
和食

永久保存レシピ

おいしい和食の会　編

はじめに

白いご飯におみそ汁、旬の食材を使った煮物や和え物などのおかず。なんの変哲もない、ごくふつうの和食の献立ですが、それらを目の前にすると、わたしたちはどこかほっとした気持ちになります。こんな家庭の和食こそ、わたしたち日本人の食の原点だからでしょう。

日本人だけでなく、和食はいま、世界からも注目を集めています。ご存じのように、二〇一三年にはユネスコ無形文化遺産に登録されました。

では、どうして和食が注目されるのでしょうか。ひとつの理由として、「一汁一菜」や「一汁三菜」を基本とする日本の食事スタイルが理想的な栄養バランスであることが挙げられます。また、だしの「うまみ」を上手に使うことによって、動物性油脂の少ない健康的な食生活が実現でき、長寿や肥満防止に役立っているともいわれます。

和食は難しいと思われがちですが、じつはほかのどんな料理よりもシンプルで簡単です。それだけに、調理の基本や流れをきちんと押さえることが、とてもたいせつになります。

本書は、一般の家庭で毎日食べたい〝ふつうの和食〟

第一章

笠原将弘　和食の定番おかず

→ 9〜56ページ

豊富な手順写真と
笠原流のコツで
人気メニューをマスター!

第二章

献立が決まる毎日のおかず

→ 57〜168ページ

好きなおかずを
組み合わせるだけで
あっという間に献立が完成!

作りおきできる
おかずも
紹介しています

にこだわり、また、「料理がはじめて」の方にも、手軽においしい和食を作っていただけるよう、基本やコツをわかりやすく伝えることを目指しました。

「**第一章　笠原将弘　和食の定番おかず**」では、人気和食店「賛否両論」の笠原将弘さんに、肉じゃがやさばのみそ煮といった、和食の定番メニューを教えてもらいます。調理の流れがよくわかるように写真でていねいに紹介し、おいしく作るためのポイントも詳しく解説しています。

和食の献立は、世界が認める栄養バランスに優れたものですが、そんな健康的で豊かな毎日の献立づくりに役立つのが、「**第二章　献立が決まる毎日のおかず**」です。主菜、副菜、汁物といった献立のカテゴリー別に数多くのレシピを紹介。作っておくと便利な常備菜もたくさん掲載しています。

家族のお祝い事やホームパーティーなど、特別なときの食事には、「**第三章　ごちそうメニューとおせち**」を活用してください。鍋物やおすしなど、大人も子どもも大好きなメニューのほか、お正月に欠かせないおせち料理も紹介しています。

だしのとり方、食材の下ごしらえなど料理の基本は、巻末の「**和食のための調理の基本**」にまとめました。

本書を通じて、あなたにとっての一生もののレシピがたくさん生まれることを願っています。

第三章

ごちそうメニューとおせち

→169〜199ページ

おもてなしや特別な日の
ごちそうメニューもおまかせ

おでん

刺し身の盛り合わせ

おせち

和食のための調理の基本

→200〜217ページ

料理の腕を上げるために
知っておきたい調理の基礎

魚をさばく

だしをとる

料理をはじめる前や、
迷ったときの参考になります

野菜を切る

正しく量る

目次

第一章
笠原将弘 和食の定番おかず

第二章
献立が決まる毎日のおかず

肉の主菜

●煮る

●焼く

●炒める

●揚げる
鶏手羽先と皮つき根菜のつけ揚げ 80
ほうれん草たっぷりのメンチかつ 81
薄切りとんかつ 82
たけのこの豚肉巻きフライ 83
鶏肉のしそ天ぷら 83
ゴーヤーの肉巻き天ぷら 84
豚肉といんげんのごま天 85
にんじん入り豚天 85
●ゆでる
塩昆布巻き鶏の野菜巻き 86
牛肉の冷しゃぶ 86
●蒸す
豚肉とキャベツのしょうが蒸し 87
塩蒸し豚 87

魚介の主菜

●煮る
たいのあら煮 88
焼きさばとごぼう、ねぎの煮物 89
塩ざけと大根のあっさり煮 90
きんめだいと豆腐の煮物 90
さんまと昆布の梅煮 91
さんまとれんこんの酢じょうゆ煮 91
いかのわた煮 92
いかじゃが 93
さわらと玉ねぎの塩しょうが煮 94
ぶりとかぶの煮物 94
さんまだんごとじゃがいものみそ煮 95
えびだんごととうがんの冷やし鉢 95
●焼く
ぶりのみそ漬け焼き 96
さわらのみそマヨ焼き 97
すずきの酒塩焼き みどりソース添え 97
さんまのかば焼き 98
さわらと野菜の焼きびたし 99
かますの焼きびたし 99
さけとキャベツのちゃんちゃん焼き風 100
さんまのごま焼き 100
白身魚の薬味みそ焼き 101
うなぎとなすのスタミナ焼き 101
ししゃもの焼き南蛮漬け 102
ほたるいかの串焼き 102
●炒める
いかと香味野菜の梅じょうゆ炒め 103
ほたてととうもろこしのバターじょうゆ炒め 103
●揚げる
さんまとかぼちゃの竜田揚げ 104
あじの香味フライ 105
かつおのみそかつ 105
ぶりのふんわり衣揚げ 106
揚げさばの染めおろし 106
あなごのしそ天 107
えびと長いものコロッケ 107
●蒸す
あさりの酒蒸し 108
いさきの香り蒸し 108
●刺し身
かつおと焼きなすの辛子ポン酢 109
たこといかのカルパッチョ 109

卵・大豆製品の主菜

●卵
ふんわりにら玉 110
うなぎとみょうがの卵とじ 111
やまといもオムレツのきのこあんかけ 111
●大豆製品
ゴーヤーチャンプルー 112
高野豆腐の肉詰め煮 113
自家製がんもどき 114
豆腐のお好み焼き風 114
小松菜の豆腐あんかけ 115
豆腐のさつま揚げ風 115

副菜

●煮る
絹さやのおかか煮 116
かぼちゃの甘煮 116
新じゃがの煮っころがし 117
さつまいもと豚ばらの煮物 117
小松菜と油揚げの煮びたし 118
ふろふき大根 118
なすとまいたけの油煮 119
五目いり豆腐 119
●焼く
焼きなすの甘酢だれ 120
焼き里いものおろしのせ 120
ちくわとアスパラガスの照り焼き 121
焼き大根の温サラダ 121
アスパラガスとにんじんの焼きびたし 121
●炒める
たけのことせりのしょうゆ炒め 122
うどの丸ごときんぴら 122
じゃがいもの梅きんぴら 123
鍋しぎ 123
ピーマンとこんにゃくの雷炒め 124
もやしのひき肉炒め 124
にんじんのたらこ炒め 124

ふきとしらたきのきんぴら 125
パプリカとじゃこの炒め物 125
長いもとしいたけの香り炒め 125
●揚げる
キャベツとじゃこのかき揚げ 126
じゃがいもと三つ葉のかき揚げ 126
大豆のかき揚げ 127
なすの青じそ巻き揚げ 127
揚げ出し豆腐 128
揚げなすの山かけ 128
やまといもの磯辺揚げ 129
やまといもの落とし揚げ みぞれあん 129
●ゆでる
ピーマンともやしのおひたし 130
アスパラガスの昆布締め 130
あしたばのとろとろおひたし 131
菊花としめじと油揚げのおひたし 131
●サラダ
さつまいもとおからのサラダ 132
里いもと長ねぎのサラダ 132
ゆでキャベツの梅サラダ 133
せん切り大根の梅サラダ 133
●和え物
にんじんとブロッコリーの白和え 134
えのきとわかめのおろし和え 134
ブロッコリーと長いものしらす和え 135
わけぎとまぐろのぬた 135
ほうれん草のごま和え 136
たたきごぼうのごま酢和え 136
めかぶと納豆の和え物 136
たたききゅうりのとろろ昆布和え 137
蒸しなすのそら豆ずんだ和え 137
カリフラワーの黄身酢和え 137
●酢の物
うなきゅう 138
ピーマンとじゃこの酢びたし 138
ゴーヤーのしょうが酢 138
ひじきとちくわの酢の物 139
オクラと長いもともずくの酢の物 139
れんこんとめかぶの酢の物 139
●常備菜
切り干し大根煮 140
うのはな 140
くるみこうなご 141
手綱《たづな》こんにゃくとささごぼうの含め煮 141
かぼちゃのいとこ煮 142
さつまいものレモン煮 142

金時豆の甘煮 142
さやいんげんのつくだ煮 143
切り昆布とにんじんの梅煮 143
簡単南蛮みそ 143
菊花かぶ 144
白菜のはちみつゆず風味 144
和風ピクルス 145
みょうがの甘酢漬け 145
ゆずと大根の甘酢 146
にんじんとしらすのマリネ 146
棒長いものわさびじょうゆ漬け 146
ひらひら大根とにんじんの甘酢 147
きゅうりの塩昆布茶漬け 147
みょうがとオクラの甘酢漬け 147

汁物

●季節のみそ汁

〈春のみそ汁〉
新じゃがと絹さやのみそ汁 148
春キャベツと豆腐のみそ汁
にらと温泉卵のみそ汁
たけのことわかめのみそ汁
〈夏のみそ汁〉
トマトの冷たいみそ汁 149
とうがんとしょうがのみそ汁
とうもろこしとオクラ、みょうがのみそ汁
もずくとみょうがのみそ汁
〈秋のみそ汁〉
さけとじゃがいも、玉ねぎのみそ汁 150
きのこと油揚げのみそ汁
さつまいもと細ねぎのみそ汁
豚肉と白菜のみそ汁
〈冬のみそ汁〉
根菜のみそ汁 151
小松菜とさつま揚げのみそ汁
里いもとちくわぶのみそ汁
焼き豆腐とえのきたけのみそ汁

●すまし汁

たいのあら汁 152
はまぐりと菜の花のすまし汁 152
かきたま汁 153
沢煮椀 153

●おかず汁

いわしのつみれ汁 154
豚肉とごぼう、みょうがの赤だし 154
塩ざけと大根の粕汁 155
冷や汁 155

ご飯・めん

●炊きこみご飯

豆とじゃこの炊きこみご飯 156
たけのこご飯 156
ふきの炊きこみご飯 157
新しょうがご飯 157
大根ご飯のいくらのせ 158
はまぐり飯 158

●おこわ

炊きおこわ 159
簡単お赤飯 159

●混ぜご飯

せりとほたての混ぜご飯 160
枝豆とえびの混ぜご飯 160
揚げ里いもと青ねぎの混ぜご飯 161
カリカリじゃこのせ香味混ぜご飯 161

●どんぶり

牛丼 162
三色丼 163
枝豆とうなぎの卵とじ丼 163
きのこのかき揚げ おろしあんかけ丼 164
いか丼 164
あじの刺し身丼 165
かつおと納豆丼 165

●めん

豚肉となすのうどん 166
きゅうりとごまの和えそば 166
ゆで鶏ときゅうりの
レモンごまだれめん 167
セロリとねぎの炒めそうめん 167
牛ばらうどん 168

炒めねぎうどん 168
うなぎの煮そうめん 168

第三章 ごちそうメニューとおせち

すき焼き 170
おでん 172
鶏の水炊き 174
牛肉のたたき 176
串揚げ 178
刺し身の盛り合わせ 180
ごちそう茶碗蒸し 182
お好み冷ややっこ 184
野菜の揚げびたし 185
ちらしずし 186
いなりずし 188
太巻きずし 190

●おせち 192
〈一の重〉
黒豆 194
伊達巻き 194
栗きんとん 195
田作り 195
市松かまぼこ 195
〈二の重〉
鶏肉の南蛮漬け 196
えびの白ごま揚げ 196
紅白なます 197
ぶりの照り焼き 197
たいのおぼろ昆布巻き 197
〈三の重〉
煮しめ 198
〈お雑煮〉
関東風雑煮 199
関西風雑煮 199

和食のための調理の基本

計量の仕方 200
火加減／水加減 201
揚げ油の温度／調味料の使い方 202
だしのとり方 203
素材の下ごしらえ 204
野菜／山菜／種子・木の実／乾物／肉／魚介／卵
野菜の切り方 212
ご飯を土鍋で炊く／すし飯の作り方 216
つゆと合わせ酢 早見表 217
材料別インデックス 218

本書の使い方

・計量単位は、1カップ＝200㎖、大さじ1＝15㎖、小さじ1＝5㎖、1合＝180㎖です。
・各料理に表記されているカロリー、塩分量は、特にことわりのない場合は、1人分です。
・「だし汁」は、特にことわりのない場合は、かつおと昆布でとったものです。
・特にことわりのないかぎり、「しょうゆ」は濃口しょうゆ、「みそ」は好みのみそ、「削り節」はかつおの削り節、「小麦粉」は薄力粉を表します。

第一章

笠原将弘 和食の定番おかず

「和食といったらコレ」という定番メニューを
人気和食店「賛否両論」の笠原将弘さんに教えてもらいます。
おいしく作るコツや、作業の意味を
ていねいにわかりやすく解説しているので、
料理がはじめて、という人でも安心。
経験者にも、きっと新たな発見があるはずです。
ほっと心なごむ家庭の味を、
この機会にぜひマスターしてください。

笠原将弘のおいしい和食の五か条

「和食」というと、手間がかかる、難しいと思われがちですが、じつはとってもシンプルな料理。いくつかのポイントを押さえれば、誰にでもおいしく作れます。ここでは、家庭で和食を作る際に、覚えておきたいコツを厳選して紹介します！

其の一

和食にこそフライパンを活用する

どこの家庭にもある**フライパンは、焼き物や揚げ物はもちろん、煮物にも重宝します。**底の面積が広く素材が重ならずに入るので、均一に火が通り、調理がスピーディー。皮が破れやすい煮魚も、フライパンならきれいな仕上がりに。さらに、アルミ箔の落としぶたをすることで、少ない煮汁でもムラなく早く味が行き渡ります。

其の二

だしは、しっかり煮出してうまみ濃厚に

和食はだしがあっての料理。だしがおいしければ、おかずの味ががらりと変わります。とはいえ、毎日のおかずに使うだしは、簡単にとれるもので十分。**昆布とかつお節を最初から水に入れて火にかけるだけ**なので、失敗がありません。しっかり煮出して、うまみたっぷりのだしにします。（笠原流のだしのとり方は55ページの1〜4を参照）

笠原将弘（かさはら・まさひろ）

1972年東京生まれ。「正月屋吉兆」で9年間修行した後、実家の焼き鳥店「とり将」を継ぐ。2004年、東京・恵比寿に日本料理店「賛否両論」をオープン。開店以来、独創的な発想とセンスに彩られた料理が人気を集め、すぐに予約の取れない店に。2013年、2号店となる「賛否両論 名古屋」をオープン。そのいっぽうで、家庭でも作りやすい和食のレシピや、わかりやすい指導が人気を集め、各メディアで活躍している。和食を広めるため、全国を飛び回る日々。著書多数。

其の三

調味料は、ふつうのもので十分おいしい

毎日使う調味料は、手に入りやすく、手頃な価格のものでかまいません。味をみて、おいしいと感じるものを使いましょう。ただし、**酒は、料理酒ではなく飲む用の日本酒、みりんは、みりん風調味料ではなく本みりんを選んでください。**これだけで味わいがぐっと本格的になります。
また、素材に直接ふりかけるのはサラッとした焼き塩、煮物などの味つけには粗塩を使います。

其の四

下ごしらえのひと手間を惜しまない

素材のよさを生かすのが、和食。調理法がシンプルなだけに、**素材の下ごしらえが味や見た目を左右します。**
たとえば、肉や魚介は熱湯に通して霜降りをすることで、余分な脂やくさみが取れて、すっきりした味わいに仕上がり、同時に型くずれも防げます。
ちょっとしたことなので、面倒くさがらず、ぜひやってみてください。

其の五

献立のバランスを考えてメリハリのある味つけに

和食の献立は、栄養バランスの優れた理想的な食事として世界から高く評価されています。
その献立の中心はご飯。**ご飯をおいしく食べるには、味のしっかりしたおかずが基本です。**
とくに肉や脂ののった魚を使った主菜には、少し濃いめの味つけが合います。
その場合、副菜や汁物は薄味にするなど、献立の中で味にメリハリをつけるとよいでしょう。

（和食献立の基本については58〜63ページを参照）

肉じゃが

煮あがった肉じゃがは
鍋に入れたまま冷ましてから、
もう一度温めなおすのがコツ。
温度が下がるときに
煮汁の味が素材に
しみこむので
しっかりと味がつきます。
豚肉は炒めずに煮るので
しっとり、ジューシーです。

385kcal
塩分2.8g

材料（4〜5人分）

- 豚ばら薄切り肉……300g
- じゃがいも（メークイン）……4個
- にんじん……小1本
- 玉ねぎ……中1個
- 絹さやえんどう……8枚
- しらたき……1袋（200g）
- サラダ油……大さじ1
- A
  - 水……5カップ
  - 酒……½カップ
  - 砂糖……大さじ7
- 昆布……5cm角1枚
- しょうゆ……1カップ

1 じゃがいも、にんじんは皮をむいて大きめの乱切りに、玉ねぎはくし形切りにする。絹さやは筋を取る。

2 **しらたきは熱湯で1分ほどゆで、**ざるに上げて水けをきる。

しらたきは下ゆでするとくさみが取れ、味もしみやすくなる。

3 豚肉は食べやすく切る。

4 フライパンにサラダ油を熱し、じゃがいも、にんじん、玉ねぎを中火で炒め、全体に油が回ったら、しらたきを加える。

5 A、昆布を加えて火を強め、**上に豚肉を並べて煮る。**

豚肉は炒めずに最後に加えると、やわらかく仕上がる。

6 煮たったら中火にし、**アルミ箔で落としぶたをして、10分煮る。**

落としぶたをすると、煮汁が全体に行き渡り、味が均一になる。

7 しょうゆを加え、再び落としぶたをして5分煮る。

8 1の絹さやを加え、落としぶたをして2分ほど煮る。**火を止め、そのまま冷ます。**温めなおして器に盛る。

煮物は、冷ますことで味がしみこんでおいしくなる。

豚肉のしょうが焼き

468kcal
塩分2.0g

肉にまぶす粉は、つけすぎると
口当たりが悪くなるので、
食感よく仕上げるために
手ではたいて
よく落とすことを忘れずに。
隠し味にケチャップを入れると
こくと甘みが加わって
どこか懐かしい味になります。

材料（4人分）

豚ロース肉（しょうが焼き用）……12枚
小麦粉……少々
サラダ油……大さじ2
キャベツ……1/4個
貝割れ菜……1/3パック
トマト……1個

A
- 酒……大さじ4
- しょうゆ……大さじ4
- みりん……大さじ4
- トマトケチャップ……大さじ1
- はちみつ……大さじ1
- しょうが（すりおろし）……小さじ2

1 キャベツはせん切りにし、貝割れ菜は根元を切り、3等分に切る。水にさらして混ぜ合わせてシャキッとさせ、水けをきる。トマトはくし形に切る。

2 ボウルに**A**を混ぜ合わせる。

3 豚肉に**小麦粉を薄くまぶし、余分な粉は手ではたいて落とす。**

小麦粉は、全体につけず、まばらなくらいでよい。

4 フライパンにサラダ油を中火で熱し、**豚肉を重ならないように入れる。**

肉が重なるようなら、2回に分けて焼くとよい。

5 両面にしっかりと焼き目をつけ、**余分な脂をペーパータオルなどで拭き取る。**

たれの味がよくからみ、焼きあがりもきれいになる。

6 **2**を全体に回し入れる。

7 フライパンを揺すりながら肉にたれをからめ、香ばしく焼く。

8 器に**1**のキャベツと貝割れ菜、トマトとともに盛りつける。

筑前煮

鶏肉は皮にしっかり
焼き目をつけてから煮ると、
煮汁にうまみと
こくが出ます。
火の通りと味の入り方を
均一にするため、
野菜は大きさをそろえて
切ることがポイント。
ただし、しいたけは
包丁で切らずに
手でちぎったほうが
香りがたちます。

313kcal
塩分2.3g

材料（4人分）

鶏もも肉……1枚（約250g）
里いも……4個
れんこん……200g
ごぼう……100g
にんじん……100g
生しいたけ……4枚
こんにゃく……100g
サラダ油……大さじ2
A ┌だし汁……4カップ
　└砂糖……大さじ2
B ┌しょうゆ……大さじ3
　└みりん……大さじ1
木の芽（あれば）……少々

鶏肉は**一口大に切る**。

鶏肉は火を通すと縮むので、野菜よりやや大きめになるように切る。

野菜は大きさをそろえて切る。里いも、れんこんは皮をむき、ごぼうは皮をこそげてそれぞれ乱切りにして水にさらす。にんじんも皮をむき、乱切りにする。しいたけは軸を切り、手でちぎる。

こんにゃくは野菜と大きさをそろえてちぎり、水から10分下ゆでして、ざるに上げる。

こんにゃくは手でちぎって表面積を大きくすると味がよくしみる。

フライパンにサラダ油をひいて**1の鶏肉を皮目を下にして並べ、火にかける。**

火の通りに差が出ないよう、鶏肉を並べてから火にかける。

皮目に焼き色がついたら裏返し、身のほうをさっと焼く。

皮は香ばしく焼いてうまみを出し、身はかたくならないよう、焼きすぎない。

2の里いも、れんこん、ごぼうの水けをきって、にんじん、しいたけ、3のこんにゃくとともに加えて炒め合わせる。

油がなじんだらAを加えてひと煮たちさせ、あくを取る。アルミ箔で落としぶたをして中火で10分ほど煮る。

Bを加えて再び落としぶたをし、さらに15分ほど煮て火を止め、そのまま冷ます。温めなおして器に盛り、あれば木の芽をちらす。

鶏肉のから揚げ

480kcal
塩分2.2g

鶏肉を大きめに切って、
衣をたっぷりとつけると
衣はカリッ、中身はジューシー！
鶏肉は火が通りにくいので
二度揚げをして
からりと仕上げます。
油の温度が下がらないよう
適当な量に分けて揚げましょう。
揚げ鍋がなければ
フライパンでも同様に作れます。

材料（4人分）

鶏もも肉……2枚（1枚250g）
A
- しょうゆ……大さじ3
- みりん……大さじ3
- 黒こしょう……少々

卵……1個
B
- 小麦粉……大さじ6
- 片栗粉……大さじ6

揚げ油……適量
大根おろし……適量
ゆずこしょう……少々
レモン（くし形切り）……½個分

1

鶏肉はすべてに皮がつくようにして、大きめの一口大に切る。

カリッとした食感がポイントなので皮も均等になるように。

2

ボウルに鶏肉を入れ、Aをまんべんなくもみこみ、10分おいて下味をつける。余分な汁けは捨てる。

3

卵は溶きほぐす。2に加えてもみこみ、3分ほどおく。**余分な汁けは捨てる。**

汁けを除くと衣がつけやすくなる。

4

Bをバットなどに合わせて混ぜ、**3を入れてよくまぶす。**

鶏肉をバットに入れたその手で粉をまぶす。片手は汚さないほうが作業がスムーズに。

5

揚げ油を170℃に熱し、**4を入れて2～3分揚げる。**

鶏肉を入れてすぐに触ると衣がはがれるので注意する。

6

取り出して**3分休ませる。**

余熱を利用して鶏肉に火を通すとともに中の水分を外に出す。

7

揚げ油の温度を180℃に上げて、6をさらに3分揚げる。網じゃくしなどですくい、**空気に触れさせるようにしながら揚げる。**

空気に触れさせて、鶏肉から出た水分を逃がすと、からりと仕上がる。

8

大根おろしとゆずこしょうを混ぜる。器にから揚げとともに盛り、レモンを添える。

鶏つくねハンバーグ

すりおろした玉ねぎを
たねに混ぜるのが
おいしさの秘訣。
みじん切りにするよりも
甘みもうまみも
引き立つし、
ひき肉によくなじんで
ふんわりした
つくねになります。
じつはこれ、焼き鳥店を
営んでいた父親に
教わったワザなんです。

542kcal
塩分3.9g

材料（4人分）

鶏ひき肉……500g
ごぼう……50g
れんこん……50g
生しいたけ……2枚
玉ねぎ……500g
サラダ油……大さじ2
A ┌塩……少々
　└黒こしょう……少々

B ┌卵……1個
　│片栗粉……大さじ1
　│しょうゆ……大さじ1
　│みりん……大さじ1
　│塩……小さじ1
　└砂糖……小さじ1
酒……大さじ4

C ┌みりん……大さじ4
　│しょうゆ……大さじ2
　└バター……20g
もやし……200g
水菜……⅓把
温泉卵（市販品）……4個

もやしはひげ根を取り、水菜は5㎝長さに切る。熱湯に塩少々（分量外）を入れ、もやしと水菜をさっとゆでる。ざるに上げ、水けをきって塩少々（分量外）をふっておく。

ごぼうは皮をこそげ、れんこんは皮をむき、しいたけは石づきを切り、ともにみじん切りにする。フライパンにサラダ油大さじ1を中火で熱し、しんなりして香りが出るまで炒めたら、Aで味つけをして冷ます。

玉ねぎをすりおろし、さらしなどで包んで、**水けをしっかり絞る。**

玉ねぎは、水分を絞ると、甘みとうまみが豊富な部分が残る。

ボウルにひき肉、2、3、Bを入れ、**粘りが出るまで、手でよく練る。**

練りあがりは少しやわらかめでも、焼くと固まるので大丈夫。

フライパンにサラダ油大さじ1をなじませ、**4を丸めて重ならないように並べ入れ、中火にかける。**

すべて並べてから火にかけたほうが均一に加熱できる。

焼き目がついたら裏返してさらに焼く。

両面にいい焼き色がついたら、酒を加えてふたをし、弱火で5分蒸し焼きにして火を通す。

Cを加えて中火で煮からめる。器に1の野菜類を敷き、つくねを盛り、温泉卵をのせる。

肉豆腐

441kcal
塩分3.0g

水きりの手間がなく、味がしみやすい。
おまけに煮くずれしにくいので、
肉豆腐には焼き豆腐がおすすめです。
大きいまま煮こんで、
食べごたえのある居酒屋風仕立てに。
フライパンなら
材料を重ねずに並べられるので
煮くずれせず、きれいに仕上がります。

材料（4人分）

牛切り落とし肉……300g
焼き豆腐……2丁
しらたき……1袋（200g）
長ねぎ……2本
貝割れ菜……½パック
一味唐辛子……少々

A
- みりん*……1カップ
- 水……½カップ
- 酒……½カップ
- しょうゆ……½カップ
- 砂糖……大さじ1

昆布……5cm角1枚

*みりん1カップは、酒½カップ、水½カップ、砂糖大さじ2に代えてもよい。

1 しらたきは熱湯で1分ほどゆで、ざるに上げて水けをきり、食べやすく切る。

2 **焼き豆腐はペーパータオルで包んで水けを除き、**1丁を2等分にする。長ねぎは斜め薄切りにする。

焼き豆腐は、表面の水分を除けばよいので重しは不要。

3 牛肉は大きければ食べやすく切り、**沸騰した湯にさっとくぐらせて霜降りにし、**ざるに上げて水けをきる。

肉のくさみや余分な脂を落とすとともに、うまみを封じ込める効果がある。

4 フライパンによく混ぜ合わせたAと昆布を入れ、ひと煮たちさせる。

5 1、2、3を重ならないように並べて入れる。

6 アルミ箔で落としぶたをして、中火で15分煮る。

7 **全体に色づいてきたら火を止め、そのまま冷ます。**温めなおして器に盛り、根元を切った貝割れ菜をのせ、一味唐辛子をふる。

一度冷ますと味がよくしみる。

肉豆腐をアレンジ

牛肉を豚肉や鶏肉に代えてもおいしいです。きのこ、玉ねぎなどを加えてもよいでしょう。

牛肉のしぐれ煮

1236kcal
塩分10.8g
(全量)

牛肉は霜降りにしてから煮ると、
雑味がなく、すっきりした味わいに。
太めに切ったしょうがを
加えて香りよく仕上げます。
冷めてもおいしく、
冷蔵で5日ほど保存できるので
常備菜やお弁当のおかずにも最適。
甘辛い味で白いご飯がすすみます。

材料（作りやすい分量）

牛切り落とし肉……400g
しょうが……60g
A ┌ 水……1 ½カップ
　│ 酒……1カップ
　└ 砂糖……大さじ2
B ┌ しょうゆ……大さじ4
　└ みりん……大さじ1
木の芽（あれば）……少々

1 牛肉は大きければ食べやすく切り、**沸騰した湯にさっとくぐらせて霜降りにし、**ざるに上げて水けをきる。

あくやくさみが取れ、調味料の味がしみこみやすくなる。

2 しょうがは皮をむいて**マッチ棒くらいの細切りにする。**

しょうがは太めに切って風味と歯ごたえを残す。

3 鍋に1、Aを入れて中火にかける。煮たってきたら、**あくをていねいに取る。**

霜降りで取りきれなかったあくを、ここで完全に除く。

4 牛肉を菜箸でほぐしながら中火で煮る。

5 5分ほど煮たらしょうが、**Bを加える。**

しょうゆを先に加えると甘みが入りにくくなるので最後に加える。

6 アルミ箔で落としぶたをしてさらに中火で10分ほど煮る。

7 少し煮汁があるくらいで火を止める。器に盛り、あれば木の芽を飾る。

牛肉のしぐれ煮をアレンジ

卵でとじてどんぶりにしたり、うどんにのせて肉うどんにするのもおすすめです。ごぼう、きのこ、れんこんなどを加えてもよいでしょう。

さばのみそ煮

さばは、皮目に縦に何本か
切り込みを入れて煮ると、
火の通りも早く、
味もよくしみます。
みそは、あれば何種か
混ぜて使うと
奥行きが出て本格的な味に。
臭い消しのしょうがは、
煮すぎると苦みが出るので
あとから加えるのがコツです。

227kcal
塩分2.2g

材料（4人分）

さば（切り身）……4切れ
なす……1本
生しいたけ……4枚
しょうが……小1かけ（10g）

A
- 水……2½カップ
- 酒……¼カップ
- 砂糖……大さじ4

B
- みりん……大さじ1
- みそ……100g
- 赤みそ……20g

細ねぎ……少々

さばは**皮目に1㎝間隔で切り目を入れる。**

火の通りが早くなり、味もよくしみこむ。

沸騰させ、少し火を弱めた湯にさっとくぐらせて霜降りにし、氷水に取る。

表面だけに火を通してぬめり、くさみを取り、うまみは残す

ペーパータオルで水けを拭く。

しっかりと水けを拭いて、生ぐさくなるのを防ぐ。

なすはへたを取り、皮をむいて縦4等分に切る。しいたけは軸を切る。しょうがは皮をむいて薄切りにする。

なすは皮をむくと、味がよくしみてとろりとする。

フライパンにAを入れ、ひと煮たちさせ、さば、なす、しいたけを加える。中火で7〜8分煮て、あくを取る。

ボウルにBを入れ、5の煮汁を加えて溶きのばし、しょうがとともにフライパンに加える。

みそはよく溶いてから加えると均一に味がつく。

アルミ箔で落としぶたをして中火で7〜8分煮る。

煮汁がとろりとするまで煮つまったら、器に盛り合わせる。細ねぎを小口切りにしてさばにのせる。

いわしの梅煮

212kcal
塩分2.7g

いわしは皮が薄く、
破けやすいので
冷たい煮汁から煮て
きれいな姿に煮あげます。
魚同士が触れると
皮が破ける原因になるので
重ならずに入る
フライパンが便利。
新聞紙の上で下ごしらえすれば
わたをそのまま包んで捨てられ、
後片づけも簡単です。

材料（4人分）

いわし……4尾
梅干し……8個
昆布……10㎝角1枚
青じそ……5枚

A
酒……½カップ
みりん＊……½カップ
しょうゆ……¼カップ
砂糖……大さじ1

＊みりん½カップは、酒¼カップ、水¼カップ、砂糖大さじ1に代えてもよい。

1 昆布は水2カップにつけてもどし、3㎝角に切って再び水に入れる。

2 いわしの下ごしらえをする。まな板に新聞紙を敷き、いわしをのせる。いわしは表面のうろこを包丁の先を使ってこそげ、胸びれの下に包丁を入れ、頭を切り落とす。

3 腹側のかたいうろこをこそげる。断面から斜めに包丁を入れて切り落とし、内臓を取り出す。

4 **ブラシなどを使って**血合いをていねいに洗い落とす。

歯ブラシはサイズがほどよく、身も傷めない。

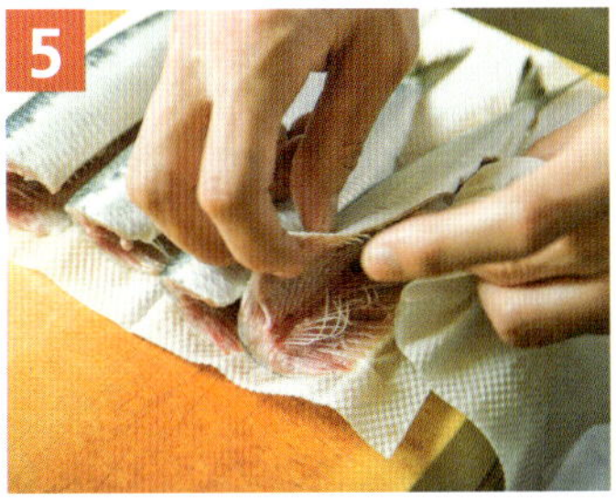

5 流水でしっかり洗い、**ペーパータオルで水けをよく拭く。**

腹の中の水けも拭くと生ぐさくならない。

6 フライパンに1の水と昆布、いわし、梅干し、Aを入れ、強めの中火にかける。

7 煮たったらあくを取り、中火にしてアルミ箔で落としぶたをして15分ほど煮る。

8 煮汁が少し残っているくらいで火を止める。**少し冷めたら器に盛り、**青じそをせん切りにしてのせる。

あつあつよりも、常温くらいに冷めたほうが味が落ちつく。

かれいの煮つけ

淡泊な味つけの煮魚は、煮汁に魚の生ぐさみが移らないよう霜降りは欠かせない作業。さらに、氷水にとってぬめりやうろこを取りやすくします。身くずれしやすいので、フライパンや浅鍋など底の面積の広いもので煮ましょう。

189kcal
塩分1.9g

材料（4人分）

かれい（切り身）……4切れ
ごぼう……100g
しょうが……小1かけ（10g）
木の芽（あれば）……少々

A
- みりん*……1カップ
- 酒……1/2カップ
- 水……1/2カップ
- しょうゆ……2/5カップ
- 砂糖……大さじ1

*みりん1カップは、酒1/2カップ、水1/2カップ、砂糖大さじ2に代えてもよい。

1

ごぼうは皮をこそげ、長めの乱切りにして水から下ゆでし、串がすっと刺さるくらいやわらかくなったら、ざるに上げ、水けをきる。

2

かれいは黒い皮のほうに、**骨に沿って切り目を入れる。**

骨に当たるぐらいまで入れ、反り返りを防ぐとともに、火の通りを早くする。

3

沸騰させ、少し火を弱めた湯にさっとくぐらせて霜降りにし、**氷水に取る。**

表面の汚れやぬめりを固めて落とすとともにうろこを取りやすく。

4

ペーパータオルなどで、水けをしっかりと拭く。

5

フライパンにAを入れ、ひと煮たちさせ、かれい、ごぼうを入れる。

酒とみりんのアルコール分を強火にかけてとばす。

6

アルミ箔で落としぶたをして中火で10分ほど煮る。

7

しょうがは皮をむき、薄切りにして加え、再び落としぶたをして5分ほど煮る。

8

煮汁が少なくなり、ごぼうが色づいてきたら器に盛り、あれば木の芽をのせる。

ぶり大根

ぶりのうまみがしみた大根がおいしい煮物です。
ポイントは、ぶりのうろこや血合いなどをていねいに洗うこと。
水けを拭いて、くさみを取ることも忘れずに。
大根もしっかり下ゆでして、煮汁を吸いこみやすくしておきます。

361kcal
塩分2.2g

材料（4人分）

ぶり（かまや切り身など）……400g
大根……600g
ゆずの皮……少々

A
- 水……3カップ
- 酒……½カップ
- 昆布……5㎝角1枚
- 砂糖……大さじ2

B
- しょうゆ……¼カップ
- みりん……大さじ2

1 大根は3㎝厚さの輪切りにして皮を厚めにむき、半月に切る。**包丁で角をくるりとむき取るように面取りする。**

面取りをすると煮くずれしにくい。

2 1の大根を水から下ゆでして串がすっと通るまでゆでる。ざるに上げて冷ます。

3 ぶりのかまは、かたいうろこをそぎ取り、**一口大に切る。**

ぶりは、身のほうから包丁を入れるときれいに切れる。

4 沸騰させ、少し火を弱めた湯にぶりをさっとくぐらせて霜降りにし、氷水に取る。ペーパータオルなどで、水けをしっかりと拭く。

5 フライパンにA、ぶり、大根を入れ、強火にかける。

6 沸騰したらあくを取り、中火にして10分ほど煮て、Bを加える。

7 アルミ箔で落としぶたをして弱火にし、煮汁が少なくなったら水を適量を足しながら30分煮る。**火を止め、そのまま冷ます。**

煮汁が冷めるときに味がしみる。

8 もう一度温めて器に盛り、ゆずの皮をせん切りにしてのせる。

めかじきの照り焼き

173kcal
塩分1.2g

おいしい照り焼きを作るには
魚にしっかり焼き目をつけたら
たっぷりのお湯を注いで
余分な油を洗い流すこと。
びっくりするかもしれませんが、
煮汁がよくしみて
すっきりとした味に仕上がるんです。

材料（4人分）

めかじき……4切れ
ししとうがらし……8本
大根……100g
サラダ油……大さじ2

A
- 酒……大さじ2
- みりん……大さじ2
- しょうゆ……大さじ3
- 砂糖……大さじ1½

1

大根は皮をむいてすりおろし、**ししとうは切り目を入れておく。**

ししとうは切り目を入れると破裂せず、早く火が通る。

2

フライパンにサラダ油を熱し、めかじきを入れ、中火で焼く。あいたところでししとうも焼く。

3

ししとうが焼けたら取り出す。

4

めかじきを裏返し、**両面をこんがりと焼きつける。**

香ばしさが照り焼きのおいしさを際立てるので、しっかりと焼き目をつける。

5

火を止めて**熱湯をたっぷりかけ、めかじきを洗って油抜きをする。**

余分な油が取れて、味がよくしみるように。

6

湯を捨て、しっかり水けをきる。

7

フライパンを再び中火にかけてAを加える。

8

ときどき**煮汁を回しかけ、からめながら煮つめ**、器に盛り、大根おろし、ししとうを添える。

煮汁が減ってきたら、フライパンを回して煮からめるとよい。

あじの南蛮漬け

225kcal
塩分2.8g

南蛮酢につけてからも
カリッとした食感を
楽しみたいので、僕は、
衣には片栗粉でなく
小麦粉を使います。
骨ごと食べられるように
あじは低温で
じっくり揚げて
あつあつのうちに
南蛮酢につけます。
できたてよりも、
少し味がしみてからが
おいしく、冷蔵で
5日ほど保存もできます。

材料（4人分）

小あじ……8尾
玉ねぎ……1個
にんじん……80g
赤唐辛子……3本
昆布……5㎝角1枚
小麦粉……適量

A
- 水……3カップ
- 酢……1½カップ
- しょうゆ……大さじ3
- 砂糖……大さじ5
- 塩……小さじ2
- レモン汁……1個分

揚げ油……適量

1

玉ねぎは薄切り、にんじんは皮をむいてせん切りにし、赤唐辛子は種を取る。

2

ボウルに**A**を混ぜ合わせ、**1、昆布をつけ、南蛮酢を作る。**

だし汁の代わりに昆布を加えるから手軽。

3

あじの下ごしらえをする。**まな板に新聞紙を敷き、**あじをのせる。包丁の先でぜいごをそぎ取る。

ごみをそのまま包んで捨てられるので、後始末が簡単。

4

包丁の先を使って、うろこをこそげて取る。

5

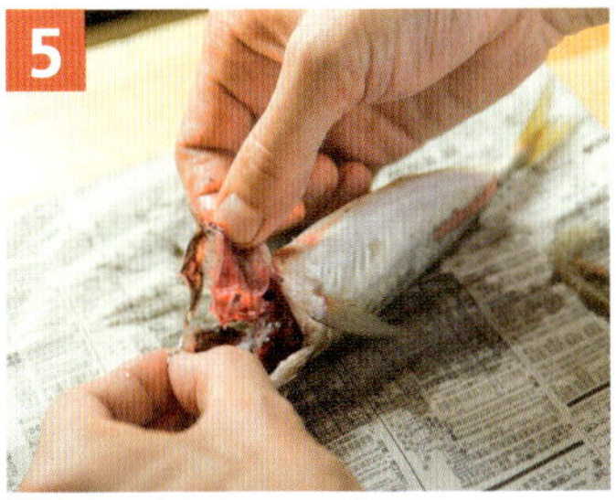

えらぶたをあけ、えら、わたを手で引っぱって取る。

6

水洗いしてペーパータオルで水けを拭く。塩少々（分量外）をふり、小麦粉を薄くまぶして手ではたく。

7

揚げ油を160℃に熱し、**6**を入れて4〜5分じっくり揚げたら、揚げ油の温度を180℃に上げて**カリッと揚げる。**

あじが浮いてきて菜箸で触るとカリカリとしてきたら揚げあがりの目安。

8

揚げたてを2につける。ラップをかけて半日ほど冷蔵庫でなじませ、器に盛る。

あつあつのうちにつけると、味がしみやすい。

天ぷら

484kcal
塩分1.9g

天ぷらの衣は混ぜすぎると粘りが出てしまい、からりと揚がりません。卵と冷水はよく混ぜますが、小麦粉はダマが残るくらいにさっくりと混ぜるのが大事。天かすは、こまめに取ると油が長もちします。

材料（4人分）

えび（殻つき）……4尾
白身魚（きすなど下ごしらえ済みのもの）……4尾
なす……1本
かぼちゃ……100g
ピーマン……2個
生しいたけ……4枚
小麦粉……少々
A 卵黄……2個分
　冷水……1½カップ
　小麦粉……180g
揚げ油……適量
B だし……1カップ
　しょうゆ……40mℓ
　みりん……40mℓ
塩（好みで）……少々
大根おろし……適量
しょうが（すりおろし）……適量
レモン（くし形切り）……½個分

1

鍋にBを合わせて火にかけ、ひと煮たちさせて冷まし、天つゆを作る。

2

えびは殻を取り、背中に**斜めに切り目を入れて背わたを取る。**

かならず背わたに当たるので、手早く取り出せて効率的。

3

えびの尾の先を少し切り、包丁で水分をしごき出し、腹に切れ目を入れ、指で開いて伸ばす。

水を出すと、揚げたときに油がはねない。

4

なすはへたを取り、縦半割りにして斜めに2mm間隔で切り目を入れ、各4等分にする。かぼちゃは5mm厚さのくし形切り、ピーマンはへたと種を除いて縦半割りにする。しいたけは軸を切り、傘に3mm間隔で切り目を入れる。

5

3、4、きすにそれぞれ小麦粉を薄くまぶし、余分な粉は払う。

6

ボウルにAの卵黄と冷水を入れてよく混ぜ、小麦粉を加え、**少しダマが残るくらいにさっくりと混ぜ、衣を作る。**

衣がゆるくなったら、ボウルの周囲についた粉を混ぜ、かたさを調整する。

7

5を6にくぐらせ、170℃の揚げ油で野菜から揚げていく。衣が固まり、持ち上げて軽くなったら引き上げる。天かすは、まめに除く。

火の通りにくいかぼちゃなどから揚げ始める。

8

えびは尾を持って、油の中を泳がせるようにして揚げる。油をきった天ぷらを器に盛り合わせ、大根おろしにしょうがをのせ、レモンとともに添える。別に1の天つゆと好みで塩を添える。

だし巻き卵

まわりが少し焼けてきたら、
手早く巻いていくのが
ふんわりと仕上げるコツ。
そのために、火加減は、
コンロのつまみではなく
卵焼き器の上げ下げで
調節すると失敗しません。
卵焼き器は、しっかりと
油をなじませたものを使うと
きれいに焼けます。

146kcal
塩分0.8g

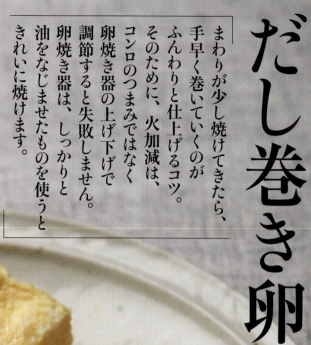

材料（4人分）

卵……3個
だし汁……90㎖
薄口しょうゆ……小さじ1
塩……ひとつまみ
サラダ油……大さじ3
大根おろし……適量
しょうゆ……少々

1

ボウルに卵を割り入れ、ほぐしておく。**別のボウルにだし汁に薄口しょうゆ、塩を混ぜ合わせ、**割りほぐした卵に加えてよく混ぜる。

塩は卵に混ざりにくいので、あらかじめだし汁と混ぜておく。

2

卵焼き器を中火で熱してサラダ油をじっくりとなじませ、余分な油をペーパータオルで拭き取る。

3

1の卵液の⅓量を流して全面に広げ、**気泡を箸の先でつぶす。**

泡をつぶすと破れにくくなり、きれいに巻ける。

4

まわりが少し焼けたら、向こう側から手前に折りたたむ。あいたところにペーパータオルで油を薄くぬる。

5

卵を奥に寄せ、あいた手前側にもペーパータオルで油を薄くぬる。

6

残りの卵液の½量を空いているところに流し入れ、卵焼きの下にも広げる。

7

3〜**6**の一連の作業を繰り返し、残りの卵液も同様に焼き、巻いていく。

8

卵焼き器の縁を使い、四角く形を整える。まな板に取り出し、一口大に切って器に盛り、大根おろしを添え、しょうゆをかける。

菜箸を使って、卵焼きを縁に押し当てるようにする。

茶碗蒸し

茶碗蒸しは
とろりと溶けるような
舌ざわりがおいしさの要《かなめ》。
だから、合わせる具も、
歯ごたえのあるものよりは
やわらかいものを選びます。
具は、小さめの一口大に切って
一か所に固まらないように
ばらして入れて蒸しましょう。

90kcal
塩分0.5g

材料（4人分）

- 鶏もも肉……60g
- えび（殻つき）……4尾
- 生しいたけ……2枚
- 三つ葉……5本
- 卵……2個
- A
  - だし汁……1$\frac{4}{5}$カップ
  - 薄口しょうゆ……小さじ1
  - みりん……小さじ1

1 鶏肉は一口大に切る。えびは殻をむき、背わたと尾を取り、食べやすい大きさに切る。

2 しいたけは軸を切り、手でちぎって香りをたたせる。三つ葉は1㎝長さに切る。

3 ボウルに卵を割りほぐす。別のボウルにAをよく混ぜ合わせ、卵に加えてさらによく混ぜる

4 **3をこし器やざるなどでこす。**

卵液は、こすと口当たりがなめらかに仕上がる。

5 器に1、2の具を等分に入れ、4の卵液を静かに注ぐ。

6 菜箸で具をばらすようにして浮かせる。

7 **表面の泡をスプーンで取り除く。**

蒸し上がりの表面がきれいになる。

8 蒸気の上がった蒸し器に7を入れ、**ペーパータオルをかぶせ**、強火で2分ほど蒸す。さらに弱火にして12～13分蒸す。

かぶせたペーパーが蒸気を吸い、水滴が落ちるのを防ぐ。

ほうれん草のおひたし

25kcal
塩分0.8g

「ゆでて水けを絞ったほうれん草にだしじょうゆを少量かけて絞る。このひと手間で、水っぽくならず、おいしいおひたしになります。」

材料（4人分）

ほうれん草……1把
塩……適量
A だし汁……1$\frac{1}{2}$カップ
A 薄口しょうゆ……大さじ2
A みりん……大さじ2
糸がつお……少々

1
ほうれん草はボウルに水を張って洗い、砂を落とし、5分ほど水につけてシャキッとさせる。Aを鍋に合わせ、ひと煮たちさせて冷まし、だしじょうゆを作る。

2
鍋にたっぷりの湯を沸かし、塩を入れ、1のほうれん草を根元から入れてゆでる。少しおいて葉のほうも沈める。強火でそのままさっとゆで、氷水に取る。

急激に冷やせば緑の色どめになる。

3
2の水けをよく絞り、だしじょうゆの$\frac{1}{3}$量をかけてなじませ、もう一度よく絞る。

4
3を残りのだしじょうゆにつけて冷蔵庫で1時間以上おく。絞って一口大に切り、器に盛り、糸がつおをのせる。

きゅうりとたこの酢の物

60kcal
塩分2.2g

「それぞれの食材の下ごしらえをしてから盛り合わせましょう。たこは凹凸を作りながら切ると合わせ酢がよくからみます。」

材料（4人分）

ゆでだこ（足）……120g
きゅうり……2本
塩……小さじ1
わかめ（もどしたもの）……40g
A
- だし汁……1カップ
- 酢……½カップ
- しょうゆ……大さじ3
- 砂糖……大さじ2

白いりごま……少々

1

Aを混ぜ合わせ、合わせ酢を作る。きゅうりは小口切りにして塩をまぶし、10分ほどおき、しんなりしたら水で洗ってしっかり絞る。

2

わかめはざく切りにして、**氷水につけ、**水けをしっかり絞る。

冷やすと歯ざわりがよくなる。

3

たこは包丁を動かし、表面にぎざぎざを作りながら一口大のそぎ切りにする。

4

器にきゅうり、わかめ、たこを盛り合わせ、1の合わせ酢をかけ、ごまをのせる。

白和え

「和え衣の味が薄まらないよう、豆腐はしっかりと水きりします。隠し味に生クリームを入れてこくを出すのが僕のオリジナル。」

101kcal
塩分1.3g

材料（4人分）

木綿豆腐……150g
さやいんげん（3㎝長さに切る）……8本分
生しいたけ（薄切り）……2枚分
にんじん（3㎝長さの細切り）……80g
こんにゃく（3㎝長さの細切り）……80g

A
- 薄口しょうゆ……小さじ2
- 砂糖……小さじ2
- 練りごま……小さじ1
- 生クリーム……大さじ2

B
- だし汁……1½カップ
- 薄口しょうゆ……大さじ2
- みりん……大さじ2

1
豆腐はペーパータオルで包み、バットなどで挟み、重しをして2時間ほどおいてしっかり水きりする。

2
ボウルに1の豆腐、Aを入れ、泡立て器でよく混ぜてなめらかなペースト状にする。

3
熱湯に塩少々（分量外）を入れ、いんげんをゆで、氷水に取って色どめをし、水けをきる。同じ湯でこんにゃくを5分ゆで、ざるに上げ、水けをきる。鍋にB、しいたけ、にんじん、こんにゃくを入れて中火にかけ、沸騰したら弱火で3分ほど煮て火を止め冷ます。冷めたらいんげんを加え、1時間ほどおく。

4
3の汁けをしっかりきり、2の衣でさっくり和えて器に盛る。

きんぴら

175kcal
塩分2.7g

「3種類の根菜を取り合わせた
香りと歯ごたえを楽しめる一品。
ごま油の香ばしさを生かし、
少なめの煮汁で炒め煮にするのがコツ。
冷蔵で5日ほど保存できます。」

材料（4人分）

ごぼう……100g
にんじん……80g
れんこん……100g
ごま油……大さじ2
A 酒……3/5カップ
A しょうゆ……2/5カップ
A 砂糖……40g
白いりごま……適量
一味唐辛子……少々

1 ごぼうは皮をこそげ、にんじんは皮をむき、5cm長さの細切りにする。れんこんは皮をむき、いちょう切りにする。ごぼうとれんこんは、水にさらし、水けをきる。

2 フライパンにごま油を熱して1を強火で炒める。

3 ややしんなりしたらAを加え、炒め煮にする。

4 汁けがなくなってきたら、ごま、一味唐辛子を加えてさっと炒め合わせる。**常温に冷まして器に盛る。**

冷めてからのほうが味が落ちつく。

里いもの煮っころがし

144kcal
塩分2.3g

「フライパンは煮っころがしの強い味方。
回しながら煮汁をからめれば、
色も味も均一に
おいしく仕上がります。
ゆずの皮を添えて、香りも楽しんで。」

材料（4人分）

里いも……12個
だし汁……3カップ
A ┌ 砂糖……大さじ1
　│ みりん……大さじ3
　└ 酒……大さじ3
しょうゆ……大さじ4
ゆずの皮（すりおろし）……少々
練り辛子……少々

1

里いもは洗って**厚めに皮をむき、**水で洗い、ぬめりを取って水けを拭く。

皮のすぐ下はかたいので、厚めにむいたほうがおいしい。

2

フライパンに1とだし汁を入れて火にかける。沸騰したら弱火にし、アルミ箔で落としぶたをして、15分ほど煮る。

3

Aを加え、再び落としぶたをして10分煮てしょうゆを加え、さらに10分煮る。

4

落としぶたを外して強火にし、フライパンを揺すって煮汁を全体に煮からめる。器に盛り、ゆずの皮をふって辛子を添える。

ひじきの煮物

200kcal
塩分2.4g

「常備菜としても重宝するおかず。冷蔵で5日ほど保存できます。油揚げやちくわを入れるとこくとうまみが増します。」

材料（4人分）

ひじき（乾燥）……40g
にんじん……100g
大豆（水煮）……100g
油揚げ……1枚
ちくわ……1本
サラダ油……大さじ2
A
- だし汁……2カップ
- 砂糖……大さじ2
- みりん……大さじ2
- しょうゆ……大さじ4

1

ひじきはたっぷりの水に10〜20分つけてもどす。途中、2〜3回水を取り替える。水けをしっかり絞る。

2

にんじんは皮をむき、5cm長さの細切り、**油揚げは細切り、**ちくわは小口切りにする。

こくを生かしたいので、油抜きは不要

3

フライパンにサラダ油をなじませ、強めの中火でにんじん、ひじきを炒め、油が回ったら大豆、油揚げ、ちくわを加えて炒め合わせ、Aを加える。

4

あくを取り、中火で10分ほど煮る。煮汁がほとんどなくなったら、火から下ろす。冷めたら器に盛る。

親子丼

693kcal
塩分3.8g

鶏肉はかたくならないよう
あとから加えて
煮すぎないようにします。
卵も半熟で火を止めて
とろりと仕上げて。
小さなフライパンで1人分ずつ作ると
失敗がありません。
三つ葉の茎をたっぷりちらして
さわやかな香りも楽しんでください。

材料（4人分）

- 鶏もも肉……1枚（約250g）
- 玉ねぎ……½個
- 三つ葉……10本
- 溶き卵……8個分
- ご飯……4杯分
- A
  - 水……2カップ
  - 昆布……3cm角1枚
  - しょうゆ……80mℓ
  - みりん*……1カップ

*みりん1カップは、酒½カップ、水½カップ、砂糖大さじ2に代えてもよい。

1 鍋にAを合わせ、ひと煮たちさせ、冷ます。

2 鶏肉は一口大の**そぎ切りにする。**

そぎ切りにすると火が通りやすい。

3 玉ねぎは薄切りにする。三つ葉は葉を摘み、**茎は小口切りにする。**

茎を細かい小口切りにすると香りがたつ。

4 1人分ずつ作る。小鍋に3の玉ねぎ、1のつゆを各¼量ずつ入れ、中火で少し煮る。

5 ¼量の鶏肉を加え、さっと火を通す。

6 溶き卵¼量を全体に回し入れる。

7 菜箸でやさしく混ぜながら火を通し、**半熟で火を止める。**

やわらかすぎると感じるくらいで火を止めると、ちょうどよいとろとろ加減に。

8 どんぶりにご飯を盛り、7をかけ、3の三つ葉の茎をちらし、葉をのせる。4〜8をくり返し、4人分作る。

かやくご飯

炊きこみご飯の主役はお米。
鶏肉や根菜を煮た煮汁で炊くので、素材のうまみたっぷりのご飯に炊きあがります。
土鍋で直火炊きするから、こんがりと香ばしいおこげも楽しめてみんなに喜ばれます。

365kcal
塩分2.4g

材料（4〜6人分）

米……3合
鶏もも肉……150g
ごぼう……80g
にんじん……80g
大根……80g
しめじ……1パック

A
- 水……4カップ
- 昆布……5cm角1枚
- 薄口しょうゆ……1/5カップ
- しょうゆ……1/5カップ
- 酒……2/5カップ

細ねぎ……適量
白いりごま……適量

1

鶏肉は細かく切る。

2

ごぼうは皮をこそげ、ささがきにして**さっと水につけ、水けをきる。**

長く水につけると風味がなくなるので注意。

3

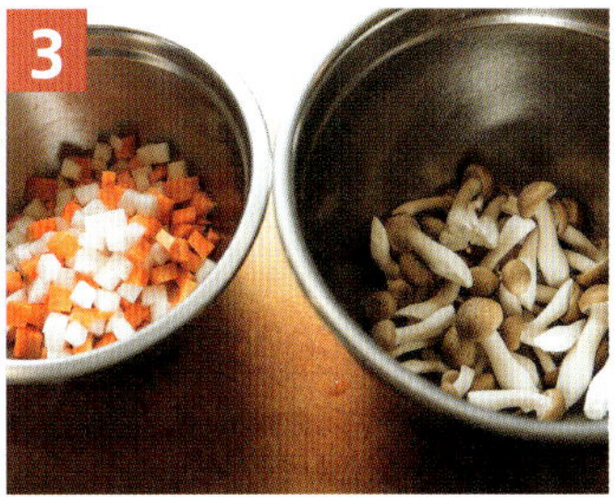

にんじん、大根は皮をむき、1cm角に切る。しめじは石づきを切り、手でほぐす。

4

鍋にA、1、2、3を入れ火にかけ、沸騰したらあくを取り、中火で10分ほど煮て、そのまま冷ます。ボウルにのせたざるにあけ、具と煮汁に分ける。

5

米はといで30分浸水させ、ざるに上げて水けをきる。

土鍋炊きでは米を十分に浸水させる。

6

土鍋に5の米と、4の煮汁3カップを入れ、ひと混ぜしてふたをし、強火にかける。沸騰したら中火にして5分炊き、さらに弱火で15分炊く。

7

4の具材を6の上にのせ、ふたをして10分蒸らす。

8

小口切りにした細ねぎ、ごまをちらす。具をさっくりと混ぜ合わせ、器に盛る。

豚汁

216kcal
塩分2.4g

豚肉は霜降りをすると
あくや余分な脂が落ちて
食べやすくなります。
たくさんの具が入りますが
大きさをそろえて切るのがポイント。
たっぷりのだし汁でじっくり煮たら
みそは香りがとばないように
最後に入れてください。

材料（4〜5人分）

豚ばら薄切り肉……200g
大根……100g
にんじん……50g
えのきたけ……1パック
長ねぎ……1本
みそ……大さじ5
みりん……大さじ1
三つ葉……3本
だし汁
　水……6カップ
　昆布……10㎝長さ1枚
　削り節……30g

1 だしをとる。鍋にだし汁の材料をすべて入れて中火にかける。

2 沸騰したらあくを取り、**弱火にして15分煮、火を止めて5分おく。**

家庭で使うだしは、しっかり煮出してうまみたっぷりにするのがおすすめ。

3 **こし器でこすか、ふきんなどで絞る。**

うま味のエキスを残さない。

4 だし汁の完成。冷蔵で3日保存もできる。

5 **豚肉は沸騰した湯にさっとくぐらせて霜降りにし、**ざるに上げて水けをきる。

肉のくさみや余分な脂を落とし、雑味を取り除く。

6 5を一口大に切る。

7 **大根、にんじんは皮をむき、いちょう切り、長ねぎは斜め薄切り**にし、えのきたけは根元を切ってほぐす。

具材は大きさをそろえて切る。

8 鍋に4のだし汁5カップを入れ、6、7を加えて**弱火で煮る。**大根、にんじんがやわらかくなったら、みそを溶き入れ、みりんを加える。器に盛ってざく切りにした三つ葉をのせる。

根菜は火が通るのに時間がかかるので強火だと汁が減ってしまう。

けんちん汁

165kcal
塩分1.9g

「野菜とこんにゃくを炒めた
ごま油の香りとこくが味の決め手。
水溶き片栗粉でとろみをつけ、
体の芯から温まる
やさしい味に仕上げます。」

材料(4人分)

生しいたけ……4枚
れんこん……100g
にんじん……80g
こんにゃく……100g
木綿豆腐……1丁(300g)
ごま油……大さじ2
だし汁……5カップ(p.55参照)
A 薄口しょうゆ……大さじ2
A みりん……大さじ1
A 塩……少々
B 片栗粉……大さじ1
B 水……大さじ2
細ねぎ(小口切り)……少々
ゆずの皮(せん切り)……少々

1

しいたけは軸を切り、手でちぎる。れんこん、にんじんは皮をむいて乱切りにする。こんにゃくは手でちぎって水から10分下ゆでして、水けをきる。豆腐は軽く水けを拭いておく。

2

鍋にごま油を入れ、1の野菜類とこんにゃくを炒める。油がなじんだら、だし汁を加え、具材がやわらかくなるまで弱火で煮る。

3

Aを加えて味をととのえ、Bを合わせた水溶き片栗粉で軽くとろみをつける。

4

豆腐を手でちぎって加え、温める程度に煮たら、器に盛る。細ねぎとゆずの皮をちらす。

第二章
献立が決まる毎日のおかず

「今日の献立はどうしよう……」
この章では、そんな悩みにお答えします。
主菜、副菜、汁物、主食と、
それぞれに幅広いメニューを紹介しているので、
毎日の献立を栄養バランスよく、
そしてマンネリ化することなく組み立てられます。
58～63ページでは、献立作りのコツも
解説していますので、ぜひ参考にしてください。

和食献立の基本

栄養バランス抜群！

和食は、日本の風土が生み出す豊かな食材が育んだ食文化です。
その献立は旬の野菜や魚など、さまざまな食材から成り立っています。
和食の魅力は、おいしさはもちろんのこと、
献立の栄養バランスのよさにもあるのです。
ここでは、そんな和食の献立の上手な立て方を紹介します。

一汁三菜（二菜）の献立が基本です

和食の献立の基本は、「一汁三菜（あるいは一汁二菜）」といわれます。「一汁」とは「汁物」、「三菜」は「主菜」＋「副菜」＋「副々菜」を指します（「二菜」は「主菜」＋「副菜」）。これに、白いご飯などの「主食」を加えたのが、和食の献立の基本です。栄養・健康面でも優れた組み合わせは、世界からも高く評価されています。

献立を考えるときは、まず主食と主菜を決めます。つぎに味と栄養のバランスを考えて、副菜を1～2品、そして汁物を添えるようにします。

これが基本のスタイルですが、食事の内容によっては、このとおりにする必要はありません。要は、献立のなかで必要な炭水化物とたんぱく質、野菜類がバランスよくとれればよいのです。

主菜 p.64～115

体をつくるたんぱく質や、脂質、エネルギーの供給源になる

肉、魚、卵、大豆・大豆加工品などが主材料のおかず。食材によってたんぱく質の種類が違うので、肉や魚に偏らず、大豆・大豆加工品の植物性たんぱく質もバランスよくとるようにしたい。

汁物 p.148～155

献立の栄養バランスと水分を補う

豆腐や油揚げのような大豆加工品の活用や、野菜、海藻、きのこ、いも類などの不足を補う一品。和食ならではのだしの風味が味わえ、食事ののどごしをよくする役目も。

「健康的な献立作りのために」

塩分摂取量に注意する

それぞれの料理は薄味でも、おかずの数が増えると全体の塩分量が多くなりがち。塩分量は一食のトータルで考えます。汁物は塩分が高くなりやすいので、1日1～2回にしましょう。

だしなどの「うまみ」を生かす

汁物や煮物に欠かせないだしには、うまみがたっぷり溶け込んでいます。このうまみを利かせることによって、塩分や動物性油脂を控えても、満足感のある味に仕上げることができます。

副菜 p.116〜139

体の調子を整えるビタミンやミネラル、食物繊維をとる

野菜、豆、海藻、きのこ類、いも類などを使ったおかず。野菜は緑黄色野菜と淡色野菜をバランスよく組み合わせて、1日に計350g以上とることを目標にして。

副々菜（常備菜） p.140〜147

献立の栄養バランスを補う

常備菜などを作って保存しておけば、すぐに1品加えることができて、一汁三菜の献立に。栄養を補うだけでなく味の変化づけなどにも役立つ。

主食 p.156〜168

体を動かすエネルギー源となる

ご飯やめん類など、献立作りの中心となる存在。とくに白飯は脂質を含まず、食物繊維やたんぱく質もとれる優れた食品。いろいろな味のおかずを自在に組み合わせられる利点がある。

発酵食品を積極的に使う

しょうゆやみそなどの調味料をはじめ、納豆、漬け物などの発酵食品に多く含まれる植物性乳酸菌には、腸内環境を整えるはたらきがあります。また、酵素が豊富なので、消化も助けます。

大豆加工品を取り入れる

豆腐や油揚げ、納豆、みそなどの大豆加工品は、植物性たんぱく質、カルシウムなどが多く、コレステロールはゼロの優れた食品です。調理の幅も広いので、いろいろな料理に使いましょう。

食物繊維が豊富な食材も活用

乾物やこんにゃく、海藻、きのこ類は、食物繊維が豊かで、低エネルギーな食材。副菜を2品添える場合は、1品をこれらの食材で作ったおかずにすると、エネルギー量が抑えられます。

献立作りで心がけたい4つのポイント

1 1日3食を通してバランスをとります

朝、昼、晩のそれぞれの献立できちんと栄養バランスをとるのが難しければ、1日3食を通して必要な食品をとるようにします。

たとえば、朝は卵や納豆、豆腐のみそ汁などでたんぱく質をとったら、昼、夜はそれぞれ肉か魚を選びます。こうすれば1日のトータルでさまざまな種類のたんぱく質をとることができます。

めん類やどんぶり物などの一品料理になりがちな昼食は、できればおひたしやサラダなどを添えましょう。

夕食の基本は一汁三菜（一汁二菜）です。朝食と昼食の過不足を補うような献立にしましょう。ただし夜は日中と違ってエネルギーの消費が少ないので、食べすぎには気をつけ、不足しがちな野菜類をたっぷりとります。

2 調理法や味つけに変化をつけます

献立作りは栄養のバランスをとることもたいせつですが、栄養を重視するあまり、変化の乏しい単調な献立が続いたのでは食欲がわきません。

まず、献立のなかで同じ調理法が重ならないようにしましょう。煮る、焼く、揚げる、炒めるなど、違った調理法のおかずがあると充実感が増すものです。

味つけも、甘い、辛い、酸っぱい、塩辛い、苦いの5つの要素が盛り込まれていると、バラエティーに富み、食事がよりおいしく感じられます。

しょうゆやみそなどの、同じ味の料理が重ならないよう、調味料の使い方に気をつけるだけでも献立に変化がつきます。こうすると、同時に塩分のとりすぎも自然に防げるのです。

3 季節に合った食材やメニューを活用

日本は、四季折々に旬の食材が豊富に出回ります。とくに出盛り期のものはおいしくて安価、栄養も豊富と三拍子そろっていて、毎日の献立作りに欠かせません。

焼き魚に旬の魚を使う、炒め物や煮物に旬の野菜を組み合わせるなど、ちょっとした工夫でいつもの献立に季節感を盛り込むことができます。おひたしやごま和え、酢の物などの副菜は、旬の食材を取り入れやすいので、まずはここから始めるのも手軽でおすすめです。

また、冬には体が温まるあつあつの蒸し物や鍋物、夏には冷たい汁物やつるんとのどごしのいいめん類というように、季節に合ったメニューを組み合わせることもたいせつです。

4 食べる人の好みや体調も考えて

献立を考えるさいに、食べる相手の年齢や好み、体調などに合わせることもたいせつです。たとえば、食べ盛りの若い人にはボリュームのある料理を、お年寄りにはやわらかく調理した噛みやすく飲みこみやすい料理を。また、小さな子どもには細かく切ったり、手に持って食べやすくする工夫なども必要です。

また家族が風邪ぎみのときや、疲れているときには、体の温まる料理や胃に負担のかからない、消化のよいものを作りましょう。夏バテなどで食欲が落ちているときは、しょうがや青じそなどの香味野菜を上手に使って食欲をそそります。

おもてなしの献立も、来客の好みに合わせて決めると喜ばれるでしょう。

パターン別

バランスのよい献立例

主菜が肉の献立

主菜　鶏肉の照り焼き（p.72）

副菜　きゅうりとわかめのごま酢和え

汁物　具だくさんみそ汁

主食　ご飯

副菜と汁物で野菜をたっぷり補給

肉料理が主菜の献立では、野菜不足にならないように気をつけます。つけ合わせには、ビタミンや食物繊維が豊富な、野菜やいも類を多めに添えてください。副菜は野菜や海藻、きのこなどを使った小鉢にし、汁物も根菜などを入れて具だくさんにしましょう。野菜の量が増えてバランスがよくなります。

主菜が魚介の献立

主菜　ぶりのみそ漬け焼き（p.96）

副菜　青菜ときのこのおひたし

副副菜　煮豆

汁物　かきたま汁

主食　ご飯

副菜と副々菜でボリュームを出す

焼き魚などの魚の主菜はボリュームが出しにくく、単素材になりがちなので、副菜に加えて副々菜（常備菜）を添えるなどして品数を増やすとよいでしょう。満足感が出て、多種類の食材をとれるようになります。また、みそ味のおかずがある場合は、汁物をすましにすると味のバランスがよくなります。

主菜に野菜が多い献立

副菜に卵や大豆製品のおかずを

主菜が野菜中心で肉や魚介が少ない煮物などのときは、たんぱく質不足にならないよう、副菜で大豆製品や卵などを使ったおかずを組み合わせます。また、薄味で煮汁の多い煮物など、主菜に汁けが多い場合は、汁物としても食べられるので、汁物の代わりに、副菜をもう1品増やしてもよいでしょう。

主菜 + 汁物 かぶのそぼろ煮（p.68）
副菜 厚揚げのねぎみそ焼き
副副菜 ごぼうとにんじんのきんぴら
主食 ご飯

一品料理の献立

副菜と汁物を添えてバランスアップ

どんぶり物やめん類などの一品料理は、いわば、主菜と主食が合体したメニュー。あとは副菜と汁物を添えるだけで立派な献立になります。ただし、一品料理は野菜不足になりがちなので、副菜と汁物は、野菜たっぷりにして、ビタミン、ミネラル、食物繊維を補いましょう。

主菜 + 主食 牛丼（p.162）
汁物 豆腐と小松菜のみそ汁
副菜 キャベツの浅漬け

371kcal　塩分2.2g

新じゃがのほっくりした食感と牛肉のうまみがくせになるおいしさ

牛肉と新じゃがのうま煮

材料（4人分）

牛もも薄切り肉……300g
新じゃがいも……600g
絹さやえんどう……30g
サラダ油……大さじ1½
だし汁……2カップ
A ┌砂糖……大さじ3
　└塩……小さじ½
B ┌しょうゆ……大さじ2
　└みりん……大さじ2

作り方

1 じゃがいもはたわしでよく洗う。牛肉は一口大に切る。
2 鍋にサラダ油を中火で熱してじゃがいもを入れ、少し色づくまで焼きつけ、牛肉とだし汁を加える。
3 煮たったら、あくを除いて5分煮る。
4 Aを加えて10分ほど煮たら、Bを加えて煮汁がほとんどなくなるまでさらに煮る。
5 絹さやは熱湯に塩少々（分量外）を入れ、色よくゆで、4に加えてひと混ぜし、器に盛る。　（藤井）

Memo じゃがいもはできるだけ小ぶりのものを用意しましょう。

286kcal　塩分2.1g

黒酢を加えると後味がさっぱりして、骨離れもよくなります

鶏手羽先とれんこんの黒酢煮

材料（4人分）

鶏手羽先……8本
れんこん……大1節
長ねぎ……¼本
しょうが（薄切り）……4枚
しょうゆ……大さじ½
ごま油……小さじ4

A
- 水……3カップ
- 黒酢……⅓カップ
- しょうゆ……大さじ3〜3½
- 砂糖……大さじ3〜3½
- 酒……大さじ3〜3½

作り方

1 手羽先は内側から骨に沿って切り込みを入れ、しょうゆをからめて10分おく。

2 れんこんは皮をむいて2㎝厚さの半月切りにし、長ねぎはせん切りにしてそれぞれ水にさらし、水けをきる。

3 鍋にごま油小さじ2を熱し、中火で手羽先を色よく焼きつけて取り出す。

4 3の鍋にごま油小さじ2を足してしょうがを炒め、香りが出たられんこんを加えて炒める。油が回ったら手羽先を戻し入れてAを加え、ふたをして弱火で20分ほど煮る。器に盛り、2の長ねぎをのせる。

（堤）

2333kcal　塩分9.4g（全量）

豚肉と根菜を甘辛く味つけした、ご飯がすすむおかずです

煮豚

材料（作りやすい分量）

豚肩ロースかたまり肉
……400g×2本
ごぼう……1本（150g）
にんじん……1本（150g）
こんにゃく……小1枚（150g）
長ねぎ……½本（50g）
しょうが……1かけ（15g）
A
- 水……¼カップ
- 酒……¼カップ
- しょうゆ……¼カップ
- 砂糖……大さじ1

作り方

1 ごぼうはきれいに洗って大きめの短冊切りにし、水に5分つけてあくを抜き、ざるに上げる。
2 にんじんは皮をむき、ごぼうと同じ大きさに切る。こんにゃくは短冊切りにし、水からゆでてざるに上げる。
3 長ねぎは5㎝長さに切り、大きければさらに縦半分に切る。しょうがは薄切りにする。
4 厚手の鍋にAを入れて煮たて、豚肉、しょうが、長ねぎを入れて中火で煮る。肉を返して表面の色が変わったら、ごぼう、にんじん、こんにゃくを肉のまわりに入れる。
5 ふたをして、煮汁が全体に行き渡るように、ときどき肉を返しながら弱火で20〜25分煮る。
6 5を火から下ろし、バスタオルなどにくるんで1時間ほど保温して肉に完全に火を通す。
7 器に野菜だけ盛り、6の鍋を再び中火にかけ、煮汁がとろりとするまで肉に煮からめる。豚肉は薄切りにして野菜に盛り合わせ、上から煮汁をかける。（石原）

Memo 保存容器に入れ、冷蔵庫で1週間保存できます。豚肉は、食べる分だけそのつど薄切りにします。サラダや炒め物などにチャーシューのように使いましょう。

229kcal　塩分1.8g

あと一品欲しいというときにうれしい常備菜

豚肉入り五目豆

材料（4人分）

豚ロース肉（とんかつ用）
……1枚（100〜150g）
大豆（水煮）……1缶（200g）
こんにゃく……½枚
れんこん
……小1節（100〜150g）
にんじん
……½本（100〜150g）

昆布……10cm1枚

A
- 昆布のもどし汁……2カップ
- 酒……大さじ2
- 砂糖……大さじ2
- しょうゆ……大さじ2

作り方

1 昆布は3カップの水に1時間つけて、7〜8mm角に切る。

2 こんにゃくとれんこん、にんじんは皮をむき、ともに7〜8mm角に切り、豚肉も同じ大きさに切る。大豆は缶汁をきる。

3 鍋にれんこんとかぶるくらいの水を入れ、煮たってきたらこんにゃく、大豆、豚肉の順に入れ、肉の色が変わったらざるに取る。

4 鍋にAを煮たて、昆布と3、にんじんを入れ、途中で一度全体を混ぜ、中火で10分煮る。（本田）

Memo 保存容器に入れ、冷蔵庫で3日保存できます。火を止めたらふたをして余熱で味を含ませます。

563kcal　塩分2.2g

季節の青菜をたっぷり添えて

豚の角煮

材料（4人分）

豚ばらかたまり肉……600g
しょうが（薄切り）……2かけ分
ゆで卵……4個
チンゲンサイ……2株

A
- 酒……½カップ
- 水……2カップ
- 砂糖……大さじ4
- しょうゆ……大さじ4

作り方

1 豚肉は5×3〜4cm角に切り、フライパンに脂面を下にして並べる。中火にかけ、途中返しながら表面に焼き色をつける。水をひたひたに注いで、煮たったらざるにあける。

2 1の豚肉をフライパンに戻し、Aとしょうがを入れて火にかけ、あくを除いて弱火で約40分煮る。

3 ゆで卵の殻をむいて2に加え、再び煮たったら火を止める。できれば一度冷やし、固まった脂を除く。

4 チンゲンサイは葉と茎に分け、茎は縦6つ割りにして、色よくゆでる。

5 食べるときに3を温め直して器に盛り、4を添える。（重信）

Memo 保存容器に入れ、冷蔵庫で2〜3日保存できます。

189kcal　塩分2.3g

かぶの葉は、別に煮て加えるのがポイント

かぶのそぼろ煮

材料（4人分）

鶏ひき肉……200g
かぶ……中6個（600g）
サラダ油……適量
酒……大さじ3

A
- みりん……大さじ3
- しょうゆ……小さじ1
- しょうが汁……小さじ1
- 塩……小さじ1⅓

B
- 片栗粉……大さじ2
- 水……大さじ2

作り方

1 かぶは茎を3cmほど残して葉を切る。皮をむき、縦に4等分して水に5分ほどさらし、茎の中の土を洗い落とし、水けをきる。

2 1のかぶの葉は、熱湯に塩少々（分量外）を入れてゆで、冷水に取って冷まし、水けを絞って3cm長さに切る。

3 鍋にサラダ油を適量入れて全体になじませ、ペーパータオルで一度拭き取る。新たにサラダ油大さじ½を入れて熱し、中火でひき肉をほぐすように炒める（写真a）。肉の色が変わったら酒をふり、水2½カップを加えて煮たて、火を弱めてあくを取る。

4 かぶを加えて（写真b）中火にし、再び煮たったら弱火にしてふたをし、7～8分煮る。Aを加えてふたをし、かぶがやわらかくなるまで5～6分煮る。

5 Bの水溶き片栗粉を回し入れてとろみをつけ、2のかぶの葉を入れてひと煮し、器に盛る。

（大庭）

a
鍋に油を十分なじませてからひき肉を炒めると、くっつかない。

b
あくを取り除いてからかぶを加えると、にごりのないきれいな煮汁に。

ご飯がすすむ、こってり味が人気

鶏手羽先のみそ煮こみ

材料（4人分）

鶏手羽先……10本（約500g）
しょうが……1かけ（約15g）
細ねぎ……2～3本
サラダ油……大さじ2
A
- 砂糖……大さじ3
- みそ……大さじ3
- 酒……大さじ3

作り方

1 しょうがは皮ごとつぶす。細ねぎは小口切りにする。
2 フライパンにサラダ油を入れて熱し、手羽先を皮目から入れて色よく焼きつけ、裏もさっと焼いて鍋に移す。
3 2にひたひたよりもやや少なめの水とA、1のしょうがを加えて中火にかけ、煮たったら火を弱めてふたをし、30分ほどじっくり煮る。最後に強火にして煮汁をからめる。
4 器に盛り、1の細ねぎをのせる。（千葉）

Memo みそは、できれば赤みそを使うと、よりこくが出ます。

たけのこは、根元と穂先を使い分けます

たけのこ入り鶏つくね煮

材料（4～5人分）

鶏ひき肉……400g
ゆでたけのこ
……大½個（150g）
わかめ（塩蔵）……30g
A
- 酒……大さじ2弱
- しょうゆ……大さじ2弱
- みりん……大さじ2弱
- 小麦粉……大さじ2強
- 卵……2個
- 塩……ひとつまみ

B
- だし汁……2½カップ
- 酒……大さじ2
- しょうゆ……大さじ2
- みりん……大さじ2
- 塩……少々
- 砂糖……少々
- しょうが（薄切り）……1枚

作り方

1 たけのこは根元側と穂先側に切り分け、穂先側は縦4つ割りにし、根元側はみじん切りにする。
2 わかめは塩を洗い落とし、水に浸してもどし、食べやすい大きさに切って水けをきる。
3 ボウルにひき肉とAを入れて混ぜ、1のみじん切りにしたたけのこを加えてよく練り混ぜる。
4 鍋にBを入れて中火で煮たて、3を2本のスプーンで直径3cmほどに丸めて落とし入れる。
5 たけのこの穂先側を加えてあくを取り、落としぶた、鍋ぶたをして15分ほど弱火で煮る。
6 わかめを加えてひと煮し、火を止めて10分ほどおき、味を含ませ、器に盛る。（舘野）

374kcal　塩分2.2g

シャキシャキ長いもの食感がおいしい

ひき肉と長いもの信田《しのだ》巻き

材料（4人分）

合いびき肉……300g
長いも……200g
油揚げ……4枚
玉ねぎ（みじん切り）……¼個分
A
- しょうゆ……小さじ1
- みりん……小さじ1
- 片栗粉……大さじ1

片栗粉……適量
だし汁……3カップ
B
- 砂糖……大さじ1
- みりん……大さじ3
- しょうゆ……大さじ4

C
- 片栗粉……大さじ½
- 水……大さじ1

ゆずの皮（せん切り）……少々

作り方

1 油揚げはペーパータオル2枚に挟んで電子レンジ（600W）に1分かけ、手で押さえる。短い2辺と長い1辺を少し切って開き、切り落とした部分は刻む。
2 長いもは皮をむいて水にさらし、長さ5〜6㎝、1㎝角の棒状に切る。ボウルにひき肉とA、刻んだ油揚げ、玉ねぎを合わせて練る。
3 開いた油揚げの内側を上にし、片栗粉を薄くふる。2をそれぞれ4等分し、油揚げの上を少しあけて肉だねを広げ、長いもを手前に並べて巻き、楊枝で留める。
4 鍋に3とだし汁を入れて中火で煮たて、Bを加え、落としぶたをして15〜20分煮る。1本を6つに切って器に盛る。
5 4の煮汁にCの水溶き片栗粉を加え、とろみをつけてかけ、ゆずの皮をのせる。（樋口）

245kcal　塩分0.3g

ゆずこしょうの風味が利いたさっぱり味

豚ばら肉と里いものゆずこしょう風味煮

材料（4人分）

豚ばら薄切り肉……200g
里いも……6〜7個

A
- 鶏がらスープの素（顆粒）……小さじ½
- 水……3カップ

B
- 酒……大さじ2
- しょうゆ……大さじ½
- ゆずこしょう……小さじ⅓〜½

作り方

1 豚肉は一口大に切る。
2 里いもは上下を切り落とし、上から下に向けて厚めに皮をむき、3等分に輪切りにする。塩適量（分量外）をもみこんで、よく洗う。これをもう一度繰り返す。
3 鍋にAと1の豚肉を入れて中火で煮たて、あくを取り、2の里いもを加える。
4 弱めの中火にしてBを入れ、里いもがやわらかくなるまで7〜8分煮て、器に盛る。（武蔵）

129kcal　塩分1.1g

だし汁をたっぷりと使って薄味に仕上げます

豚肉と水菜のさっと煮

材料（4人分）

豚ロース肉（しゃぶしゃぶ用）……100g
水菜……100g
切り干し大根……40g

A
- だし汁……2½カップ
- しょうが（薄切り）……1かけ分
- 薄口しょうゆ……大さじ2
- みりん……大さじ2
- 酒……大さじ2

作り方

1 水菜は5〜6㎝長さに切り、切り干し大根はもどして水けを絞り、食べやすく切る。
2 鍋にAを入れて中火で煮たて、豚肉を煮る。あくを取って切り干し大根を加えてふたをし、5〜10分煮る。
3 2の具を端に寄せ、水菜を茎から加えて上下を返し、しんなりしたら、汁ごと器に盛る。（今泉）

鶏肉に切り込みを入れて焼くと縮まず、ジューシーに

鶏肉の照り焼き

材料（4人分）

鶏もも肉……2枚
さつまいも……1本
A
- 酒……大さじ1
- しょうゆ……大さじ1
- しょうが汁……小さじ1

サラダ油……適量
酒……大さじ1
B
- みりん……大さじ2
- 砂糖……大さじ½
- しょうゆ……大さじ2

作り方

1. 鶏肉は余分な脂を除き、皮目を下にして浅く4～5本の切り込みを入れる（写真a）。
2. ボウルに鶏肉とAを入れてよくもみ、10～20分おく。
3. さつまいもは皮つきのまま洗い、1㎝厚さの輪切りにして水でさっと洗い、水けを拭く。
4. フライパンにサラダ油大さじ2を熱し、3を中火で色よく焼き、裏返してふたをし、弱火でやわらかくなるまで5分ほど蒸し焼きにして取り出す。
5. フライパンにサラダ油小さじ1を足して熱し、鶏肉の汁けを拭き、皮目を下にして入れ、中火で2～3分色よく焼く。裏返してふたをし（写真b）、弱火で5分ほど蒸し焼きにする。
6. 鶏肉に酒をふり、Bを加えて煮つめ、照りよく焼き、食べやすく切って器に4と盛り合わせる。

（大庭）

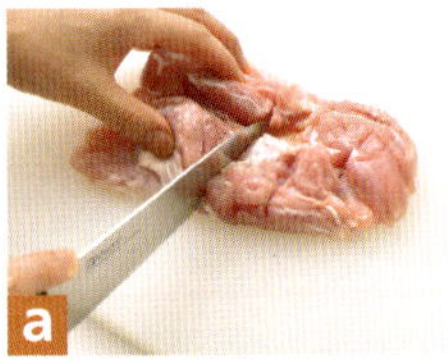
a
鶏肉は、内側に切り目を数本入れて焼くと、縮まず、味もしみやすい。

b
ふたをして蒸し焼きにすると、中がジューシーにやわらかく仕上がる。

164kcal　塩分1.0g

薄切りのれんこんで手早く焼きあげます

れんこんの挟み焼き

材料（4人分）

鶏ひき肉……200g
れんこん……2節（400g）
A
- 水……大さじ2
- 塩……小さじ½
- 片栗粉……小さじ2

ごま油……適量
しょうが（すりおろし）……適量
しょうゆ……適量

作り方

1 ボウルにひき肉とAを入れ、よく混ぜ合わせる。
2 れんこんは皮をむいて3〜4㎜厚さの輪切りにして並べ、1をティースプーン1杯くらいずつのせ、もう1枚のれんこんで挟む。
3 フライパンにごま油を熱し、2を並べて、やや弱めの中火で両面をこんがり焼く。急ぐときはふたをして焼き、最後はふたを取って水けをとばし、パリッとさせる。
4 しょうがとしょうゆを添え、焼きたてにつけて食べる。（小林カ）

297kcal　塩分1.8g

照り焼き風の甘辛味に仕上げた一皿

れんこんの豚肉巻き

材料（4人分）

豚もも薄切り肉……300g
れんこん……大2節（400g）
小麦粉……適量
サラダ油……大さじ1½
黒いりごま……小さじ1
A
- しょうゆ……大さじ2½
- 酒……大さじ2
- 砂糖……大さじ2
- みりん……大さじ1

作り方

1 れんこんは皮をむき、8㎜厚さの輪切りにする。水に5分さらしてから4〜5分ゆで、水けをきる。
2 豚肉1枚を縦に広げ、1を1切れのせて巻く。同様にして豚肉全量を巻く。残ったれんこんは、取っておく。
3 豚肉の表面に薄く小麦粉をまぶす。フライパンにサラダ油を熱して並べ、中火で両面を焼く。
4 ペーパータオルでフライパンの余分な油を拭き、水½カップとA、2で残ったれんこんを加え、中火で4〜5分煮る。とろみがついたら器に盛り、煮汁をかけて、豚肉巻きにごまをふる。（田口）

冷めてもおいしいので、お弁当にもおすすめ

肉詰めピーマン

材料（4人分）

豚ひき肉……200g
ピーマン……4〜6個

A
- 卵……1個
- パン粉……$\frac{3}{4}$カップ
- ねぎ（みじん切り）……20㎝分
- しょうが（みじん切り）……少々
- 塩……小さじ$\frac{1}{4}$
- こしょう……少々

片栗粉……適量
ごま油……大さじ1強
湯……$\frac{1}{2}$カップ

B
- 酒、みりん、しょうゆ……各大さじ1

作り方

1. ボウルにAの卵を溶き、パン粉と合わせてしっとりとさせる。
2. 1にひき肉とAの残りの材料を全部入れて、混ぜ合わせ、肉だねを作る。
3. ピーマンは縦半分に切り、へたと種を取る。内側にうっすらと片栗粉をふり（写真a）、2の肉だねを詰める。さらに肉だねの表面に、片栗粉を薄くふる。
4. フライパンにごま油を熱し、3を肉の面から弱めの中火で焼く（写真b）。焼き色がついたら返して少し焼き、分量の湯を加えて、ふたをして蒸し焼きにする。水分がなくなり、肉に火が通ったら火を止める。
5. 肉の面をもう一度下にしてBを加え、中火でフライパンを揺すりながらからめ、火を止める。

（小林カ）

a
片栗粉は茶こしに入れて薄くふる。粉がのり代わりになり、肉だねがはがれにくくなる。

b
肉の面から先に焼くと、肉がピーマンにくっついてはがれにくくなる。

焼きながら、あつあつを食べるのがおいしい

鶏肉のほお葉焼き

材料（4人分）

鶏もも肉……1枚（300g）
ほお葉……4枚
まいたけ……1パック（100g）
長ねぎ……$\frac{1}{2}$本
A ┌赤みそ……大さじ4
　 │砂糖……大さじ$\frac{2}{3}$
　 └みりん……大さじ2
酒……大さじ1

作り方

1 ほお葉は1時間ほど水につけ、十分に水を含ませる。
2 Aをよく練り合わせ、練りみそを作る。
3 鶏肉は1㎝厚さのそぎ切りにする。まいたけは小房に分けて、酒をふる。長ねぎは小口切りにする。
4 1のほお葉に2の練りみそを敷き、3をのせ、焼き網で鶏肉に火が通るまで焼く。

（柳原）

Memo ほお葉がなければアルミ箔で代用できます。

518kcal　塩分2.2g

たっぷりのごぼうとみそ味がマッチした和風ハンバーグ

ごぼうつくね

材料（4人分）

豚ひき肉……600g
ごぼう……2本（200g）
A
- 卵……2個
- パン粉（ドライ）……1カップ
- みそ……大さじ2
- 砂糖……大さじ2
- しょうゆ……大さじ1強

サラダ油……大さじ1
酒……大さじ2
水菜……½把

作り方

1. ごぼうは薄いささがきにし、さっと水にさらして水けをきる。
2. ボウルにひき肉、Aを入れ、粘りが出るまで混ぜる。1のごぼうを加えてさらに混ぜ、8等分して小判形にまとめる。
3. フライパンにサラダ油を熱し、2を並べて焼く。両面にきつね色の焼き色がついたら酒を加え、ふたをして弱火で10分ほど蒸し焼きにする。
4. 3を器に盛り、4cm長さに切った水菜を添える。　（小林ま）

414kcal　塩分1.2g

旬の長ねぎをたっぷり食べられる

牛肉のねぎ包み焼き

材料（4人分）

牛薄切り肉……8枚（350g）
長ねぎ……2本
にんじん……½本（70〜80g）
絹さやえんどう……160g
サラダ油……適量
A ┌しょうゆ……大さじ1
　└みりん……大さじ1
小麦粉……適量
塩……適量
こしょう……適量
B ┌生クリーム……½カップ
　└しょうゆ……大さじ½

作り方

1 長ねぎは5mm幅の斜め切りにし、にんじんは皮をむいて3cm長さのせん切りにする。
2 フライパンにサラダ油大さじ2を熱し、1を入れて炒める。Aを加えて汁けがなくなるまで煮る。
3 牛肉1枚を広げて2を¼量のせ、折りたたむようにして包む。さらにもう1枚で、方向を変えて包み込み、小麦粉をまぶす。残りも同様にして作る。
4 フライパンをきれいにし、サラダ油適量を熱し、絹さやを炒める。塩、こしょうをふって味をととのえ、取り出す。
5 4のフライパンに3を入れ、両面を焼き色がつくまで焼く。Bを加えてふたをし、2〜3分煮る。火が通ったら、器に絹さやとともに盛り合わせ、煮汁をかける。（林）

260kcal　塩分1.9g

のどごしのよい長いもソースで、あっさり食べやすい

牛ステーキの長いもソースがけ

材料（4人分）

牛ステーキ用肉
　……4枚（400〜500g）
長いも
　……10cm（120〜150g）
ブロッコリー……¼個
しょうゆ……小さじ⅓
塩、こしょう……各適量
A ┌酒……大さじ1½
　└みりん……大さじ1
B ┌しょうゆ……大さじ2
　└玉ねぎ（すりおろし）……大さじ1
牛脂……適量

作り方

1 牛肉は焼く30分前に冷蔵庫から出し、常温に戻しておく。かたい筋があったら切る。
2 長いもは皮をむいて、ビニール袋に入れ、すりこ木などでたたき、しょうゆと塩少々を加えてもむ。
3 ブロッコリーは小房に分け、塩少々を加えた熱湯で2〜3分ゆで、ざるに上げる。
4 小鍋にAを入れ、火にかけて煮きり、Bとこしょう少々を加えてひと煮たちさせ、火から下ろして冷ます。
5 フライパンに牛脂を熱し、焼く直前に牛肉に塩、こしょう各少々をふって入れ、中火で両面を焼く。
6 器に盛り、4のソースと2の長いもをかけて、3のブロッコリーを添える。（宇野）

207kcal　塩分0.9g

いり卵を加えて、ボリュームアップ！

牛肉とスナップえんどうの卵炒め

材料（4人分）

牛ロース薄切り肉……150g
スナップえんどう……100g
卵……2個
A しょうゆ……小さじ1
A 酒……小さじ1
A 片栗粉……小さじ2
サラダ油……大さじ1
B しょうゆ……小さじ2
B 酒……小さじ1
B 砂糖……小さじ$\frac{1}{3}$
B 塩……少々
七味唐辛子……少々

作り方

1 スナップえんどうは筋を取り、塩少々（分量外）を入れた熱湯でかためにゆで、斜め半分に切る。
2 牛肉は長さを3等分に切り、Aをまぶす。
3 フライパンにサラダ油を熱し、割りほぐした卵を入れて半熟状のいり卵にし、取り出す。
4 3のフライパンで2の牛肉を炒め、焼き色がついたら1を加えて炒め合わせる。Bを加えて調味し、3を戻し入れて混ぜ合わせる。
5 器に盛り、七味唐辛子をふる。（きじま）

316kcal　塩分1.7g

春の味覚をほっとするしょうゆ味で

鶏肉とふきの炒め物

材料（4人分）

鶏もも肉……2枚（500g）
ふき……1把（300g）
サラダ油……大さじ1
A 酒……大さじ1
A 砂糖……大さじ1
A しょうゆ……大さじ2
A みりん……大さじ1

作り方

1 ふきはフライパンに入る長さに切り、塩適量（分量外）をふって表面の皮がひらひらするまで板ずりする。
2 フライパンに湯を沸かし、ふきに塩がついたまま入れ、2分ほどゆでる。冷水に取って皮をむき、5～6㎝長さの斜め切りにする。
3 鶏肉は余分な脂を取り除き、一口大に切る。
4 フライパンにサラダ油を中火で熱し、鶏肉を皮目を下にして並べ入れ、焼き色がついたら裏返し、ふたをして2～3分蒸し焼きにする。
5 4にふきを加え、強火にしてさっと炒め、Aを順に加えて炒め合わせる。（市瀬）

295kcal　塩分2.1g

甘辛のみそだれがご飯によく合う炒め物

豚肉となすのみそ炒め

材料（4人分）

豚薄切り肉……200g
なす……5本
玉ねぎ……½個
しょうが……小1かけ（10g）
サラダ油……大さじ2½
細ねぎ……5〜6本
ごま油……小さじ1

A
- 豆《トウ》板《バン》醬《ジャン》……小さじ½
- だし汁……½カップ
- みそ……50g
- しょうゆ……大さじ½
- 酒……大さじ2
- 砂糖……大さじ2½

作り方

1 なすはへたを除いて縦半分に切り、縦に5mm幅に切り、水にさらす。
2 豚肉は3〜4cm長さに切り、玉ねぎは繊維に沿って3〜4mm幅に切る。しょうがは薄切り、細ねぎは小口切りにする。
3 鍋を温め、サラダ油を入れてなじませ、中火でしょうがを炒める。香りが出たら、豚肉、玉ねぎ、水けを拭いたなすを入れ、強火で炒め合わせる。
4 Aをよく混ぜ合わせて加え、味がなじんでなすがやわらかくなったら、ごま油を加えて火を止める。
5 器に盛り、細ねぎを散らす。　（伊藤）

186kcal　塩分0.9g

ねぎの香ばしさと山椒の風味が隠し味

牛肉と長ねぎの粉山椒炒め

材料（4人分）

牛こま切れ肉……250g
長ねぎ……3本
A
- しょうゆ……大さじ½
- 酒……大さじ1

サラダ油……大さじ1
塩……小さじ⅓
粉山椒……小さじ¼

作り方

1 牛肉はAを加えてもみこむ。長ねぎは1cm幅の斜め切りにする。
2 フライパンにサラダ油を熱し、中火で牛肉を炒める。肉の色が変わったら長ねぎを加えて炒め合わせ、ねぎがこんがりしたら塩、粉山椒で調味する。　（検見﨑）

揚げたてをつけ、味をしみこませます

鶏手羽先と皮つき根菜のつけ揚げ

材料（4人分）

鶏手羽先……8本
ごぼう……½本（100g）
れんこん……10㎝（150g）
めんつゆ（3倍濃縮）……大さじ3
A ┌めんつゆ（3倍濃縮）……大さじ3
　└黒いりごま……大さじ½
揚げ油……適量

作り方

1 手羽先はフォークで穴をあけてめんつゆをもみこみ、30分おく。
2 ごぼうとれんこんは皮つきのままよく洗う。ごぼうは、すりこ木などでたたいて割り、食べやすい長さに切る。れんこんは皮ごと7㎜厚さの輪切りにする。
3 揚げ油を160℃に熱して2を揚げ、一度取り出す。揚げ油の温度を180℃に上げて20〜30秒二度揚げし、からりとさせてAにつける。
4 1の手羽先も汁けを拭いて揚げ、3に加えて混ぜ、味がしみたら器に盛る。（井澤）

468kcal　塩分0.8g

野菜の栄養もとれるのがうれしい

ほうれん草たっぷりのメンチかつ

材料（4人分）

合いびき肉……350g
ほうれん草……⅔把（200g）
玉ねぎ……½個（75g）
サラダ油……小さじ1
塩、こしょう……各適量

A
- パン粉……大さじ3
- 牛乳……大さじ2
- 塩……少々
- こしょう……少々
- しょうゆ……小さじ1

卵……1個

B
- 小麦粉……適量
- 溶き卵……適量
- パン粉……適量

揚げ油……適量
キャベツ（せん切り）……3枚分
ミニトマト……8個
練り辛子……適量

作り方

1 ほうれん草は塩少々を加えた熱湯でゆで、粗いみじん切りにして水けを絞る。玉ねぎはみじん切りにする。

2 フライパンにサラダ油を熱して玉ねぎを炒め、しんなりしたらほうれん草を加えて余分な水けをとばすように炒め、軽く塩、こしょうをして冷ます。

3 ボウルにひき肉、A、卵を入れて練り混ぜ、2を加えて練り、12等分して丸める。

4 Bの小麦粉、溶き卵、パン粉の順に衣をつけ、低めの中温（160℃）の揚げ油でじっくりと揚げる。

5 4を器に盛り、キャベツ、ミニトマト、辛子を添える。

（石澤）

Memo 好みで辛子じょうゆやとんかつソースをつけてもおいしいです。

311kcal　塩分1.7g

見た目はヒレかつですが、食べればやわらか、ジューシー

薄切りとんかつ

材料（4人分）

豚もも薄切り肉……12〜16枚
塩、こしょう……各少々
A ┌小麦粉……適量
　│溶き卵……1個分
　└パン粉……適量
揚げ油……適量
B ┌とんかつソース……大さじ3
　│トマトケチャップ……大さじ2
　└しょうゆ……小さじ1
キャベツ（せん切り）……適量
トマト（くし形切り）……適量
練り辛子……適量

作り方

1 豚肉は1枚または2枚を重ねて3〜4つ折りにし（写真a）、塩、こしょうを全体にふる。

2 さらにAの小麦粉を全体にふり、溶き卵、パン粉の順に衣をつける。

3 揚げ油を170℃に熱し、2を重ならないように入れる。衣が落ち着くまでいじらず、カリッとしてきたら裏返し、全体に色がついたら油をきって引き上げる。

4 揚げたてを器に盛り、キャベツ、トマト、辛子を添える。Bを合わせてソースを作り、別の器に入れて添える。　（小林カ）

Memo **油の温度が安定してきたら、火力の調節を忘れずにして、高温になりすぎないようにしましょう。**

a
肉は折りたたむようにして、一口大に切ったヒレ肉に似せてまとめる。

はけで小麦粉をつけると肉がはがれない

たけのこの豚肉巻きフライ

276kcal　塩分0.7g

材料（4人分）

豚ロース薄切り肉（しゃぶしゃぶ用）……12枚（200g）
ゆでたたけのこ（穂先）……120g
塩……少々
こしょう……少々
小麦粉……適量
A ┌小麦粉……適量
　│溶き卵……1個分
　└パン粉……適量
揚げ油……適量
レモン（くし形切り）……適量
クレソン……適量

作り方

1 たけのこはくし形に12等分する。
2 豚肉に塩、こしょうをふって広げ、肉の表面にはけで小麦粉をつけ、たけのこの先端を出して巻く。
3 Aを順につけ、180℃の揚げ油で揚げる。
4 器に盛り、レモンとクレソンを添える。　（福田）

しそ風味のカリカリ衣がさわやかな揚げ物

鶏肉のしそ天ぷら

341kcal　塩分0.6g

材料（4人分）

鶏もも肉（皮なし）……2枚（450g）
青じそ……40枚
酒……少々
塩……少々
A ┌小麦粉……$\frac{1}{3}$カップ
　│片栗粉……大さじ2
　│塩……少々
　└水……$\frac{1}{4}$カップ
揚げ油……適量

作り方

1 鶏肉は1枚を8等分くらいのそぎ切りにし、酒、塩をからめる。
2 青じそは縦半分に切り、細切りにする。
3 ボウルにAの小麦粉と片栗粉、塩を入れて混ぜ、水を少しずつ加えてトロリとした衣を作る。
4 3に青じそを加え、全体に均一に混ぜ、鶏肉も加えてからめる。
5 揚げ油を中温（170℃）に熱し、4の鶏肉に衣をたっぷりからませるようにして、手でつまんで入れる。
6 ときどき返しながら5〜6分、色よく揚げ、器に盛る。　（舘野）

365kcal　塩分0.8g

ゴーヤーに塩で下味をしっかりつけるのがポイント

ゴーヤーの肉巻き天ぷら

材料（4人分）

豚もも薄切り肉
……12枚（250 ～300g）
ゴーヤー……1本
塩……適量
こしょう……少々
しょうゆ……小さじ2
A
- 溶き卵……½個分
- 水……⅓カップ
- 小麦粉……½カップ

揚げ油……適量
レモン（くし形切り）……適量

作り方

1 ゴーヤーは縦半分に切り、種とわたを取り、長さをそれぞれ4等分に切る。真ん中の太いところ4切れは、さらに縦半分に切って、12切れにする。

2 耐熱皿に並べて塩少々をふり、ラップをかけて電子レンジ（600W）で1分30秒加熱する。

3 豚肉に塩、こしょう各少々をふり、手前に2のゴーヤーをのせて巻き、全体にしょうゆをふる。

4 ボウルにAを合わせて衣を作り、3をくぐらせて170℃の揚げ油で4～5分揚げる。

5 食べやすい長さに切って器に盛り、レモンを添える。　（田口）

432kcal　塩分1.4g

ごまが香ばしいかき揚げ風の天ぷら

豚肉といんげんのごま天

材料（4人分）

豚こま切れ肉……300g
さやいんげん……15本
黒いりごま……大さじ2
A
- しょうが（すりおろし）……大さじ1
- 酒……大さじ1
- みりん……大さじ1
- しょうゆ……大さじ2

卵……1個
小麦粉……⅓カップ
片栗粉……大さじ2
揚げ油……適量

作り方

1. 豚肉はAをよくもみこむ。いんげんはへたと筋を除き、4～5㎝長さの斜め切りにする。
2. ボウルに卵と水大さじ2を入れて溶きほぐし、小麦粉と片栗粉を加え、さっと混ぜ合わせる。
3. 2に1の豚肉といんげん、ごまを加えてよく混ぜる。
4. 揚げ油を170～175℃に熱し、3をスプーンなどで、食べやすい大きさにして入れ、揚げ色がつき、カリッとするまで3～4分揚げ、器に盛る。

（村田）

574kcal　塩分0.9g

揚げたにんじんが甘くて食べやすい一品

にんじん入り豚天

材料（4人分）

豚切り落とし肉……300g
にんじん……1本（150g）
A
- 砂糖、しょうゆ、酒、ごま油……各大さじ1
- にんにく（すりおろし）……少々

卵……1個
B
- 水……½カップ
- 塩……少々
- 砂糖……大さじ1
- 白いりごま……大さじ3

小麦粉……1カップ
揚げ油……適量

作り方

1. 豚肉は大きければ一口大に切り、Aをもみこむ。
2. にんじんは皮をむき、3～4㎜厚さの半月切りにする。
3. ボウルに卵を割りほぐし、Bを加えて混ぜ、次に小麦粉も加えてよく混ぜる。
4. 3に1の豚肉、2のにんじんを入れて全体をよく混ぜ合わせる。
5. 揚げ油を中温（170℃）に熱し、4を手で一口大にまとめてつまみ入れ、ときどき返しながら5～6分揚げ、器に盛る。

（舘野）

Memo いりごまは白でも黒でも好みのものを使いましょう。

388kcal　塩分1.2g

こくのあるごまだれが食欲をそそります

牛肉の冷しゃぶ

材料（4人分）

牛ロース薄切り肉……300g
昆布だし（または水）……5カップ
A
- みりん（煮きる）……大さじ4
- 薄口しょうゆ……大さじ1
- 昆布だし……大さじ1
- 砂糖……小さじ2
- ゆずこしょう……小さじ1

白ごま……大さじ6
キャベツ……$\frac{1}{4}$個
トマト……3個
長ねぎ……$\frac{1}{3}$本

作り方

1 Aを混ぜ合わせる。
2 ごまはきつね色になるまでいって、すり鉢で油が出るまですり、1を少しずつ加えて、だまにならないようにのばし、ごまだれを作る。
3 牛肉は一口大に切る。キャベツは芯を除き、食べやすい大きさに切る。トマトはへたを除いて湯むきし、くし形に切る。長ねぎは3cm長さのせん切りにして水につけ、ざるに上げて水けをきる。
4 鍋に昆布だしを沸騰させ、3のキャベツを入れて火を通し、ざるに上げて水けをきる。次に牛肉を入れ、さっと火を通して、ざるに上げ、水けをきる。
5 4のキャベツと牛肉、3のトマト、長ねぎを器に盛り、2のごまだれを添える。（柳原）

215kcal　塩分1.4g

塩昆布のうまみが肉にほどよくしみておいしい

塩昆布巻き鶏の野菜巻き

材料（4人分）

鶏もも肉……大1枚（300g）
塩昆布（細切り）……大さじ2
長ねぎ（白い部分）……8cm
サンチュ……適量
青じそ……適量
塩……小さじ$\frac{1}{4}$
A
- マヨネーズ……大さじ2
- オイスターソース……小さじ1
- 牛乳……大さじ1

B
- 赤唐辛子（小口切り）……1本分
- 酢……大さじ1$\frac{1}{2}$
- しょうゆ……小さじ2
- レモン汁……小さじ1
- 砂糖……小さじ$\frac{2}{3}$
- 塩……少々

作り方

1 鶏肉は皮目を下にし、肉の厚い部分に切り目を入れて開き、厚みを均一にする。幅の広い面を横にしておき、塩をふる。塩昆布を手前にのせてきっちりと巻き、たこ糸で縛る。
2 鍋に1と水5カップを入れて火にかけ、煮たったらあくを取って弱火にし、落としぶたをして30～40分ゆでる。ゆで汁に浸したまま冷ます。
3 長ねぎは半分の長さに切り、繊維に沿ってせん切りにする。水にさらして水けをきり、白髪ねぎにする。サンチュ、青じそは洗って水けをきる。
4 A、Bはそれぞれ混ぜ合わせ、たれを作る。
5 2のたこ糸を外して1cm厚さに切り、3とともに盛り、4を添える。野菜で鶏肉を巻き、好みのたれをかけて食べる。（きじま）

Memo 鶏のゆで汁はスープなどに利用しましょう。

和風のソースがぴったりの肉のおかず

塩蒸し豚

材料（4人分）

豚ばらかたまり肉……600g
塩……大さじ1
こしょう……適量
にんじん……$\frac{1}{3}$本
長ねぎ……$\frac{1}{2}$本
長ねぎ（青い部分）……適量
酒……大さじ3
ポン酢じょうゆ……大さじ3
練りわさび……少々

作り方

1 豚肉は塩、こしょうをよくなじませて、1時間〜一晩おく。
2 にんじんは皮をむき、長ねぎとともにせん切りにし、水に放ち、ざるに上げる。
3 フライパンに長ねぎの青い部分を敷き、1の豚肉を入れる。酒と水$\frac{1}{2}$カップを加えてふたをし、6〜8分蒸し焼きにして火を止め、そのまま5分蒸らす。蒸し汁は取っておく。
4 3の蒸し汁（少なければ水を足す）$\frac{1}{4}$カップとポン酢じょうゆ、わさびを混ぜてソースにする。
5 3の豚肉のあら熱が取れたら、5㎜厚さに切って、器に盛り、2の長ねぎとにんじんを盛り合わせて、4のソースをかける。

（井澤）

さわやかなしょうがの香りがアクセント

豚肉とキャベツのしょうが蒸し

材料（4人分）

豚ばら薄切り肉……300g
キャベツ……小1個（1kg）
しょうが……1かけ（15g）
A
みそ……大さじ4〜5
酒……大さじ2
ごま油……大さじ2
こしょう……少々

作り方

1 キャベツは縦4等分のくし形に切り、芯を切り落とす。しょうがはせん切りにする。豚肉は7〜8㎝幅に切る。
2 ボウルにAのみそと酒を合わせて混ぜてから、ごま油、こしょうを加えて混ぜ、豚肉を入れてからめる。
3 鍋にキャベツを入れて2をのせ、しょうがをちらす。水$\frac{1}{2}$カップを注ぎ、ふたをして中火にかける。煮たったら弱火にして15〜20分、キャベツがやわらかくなるまで蒸し煮にし、全体を混ぜて器に盛る。

（大庭）

244kcal　塩分1.9g

安いあらを見つけたら、ぜひ作りたい一品

たいのあら煮

材料（4人分）

たいのあら……600g
ごぼう……100g
しょうが（薄切り）……1かけ分（15g）
A
- 酒……1/2カップ
- 砂糖……大さじ4
- しょうゆ……大さじ4
- みりん……大さじ2

木の芽……適量

作り方

1. たいのあらは大きめのぶつ切りにし、たっぷりの熱湯に入れて表面がうっすらと白くなったらすぐ水に取る。1つずつていねいに洗い、うろこ、血合い、ぬめりを除き、水けをきる。
2. 鍋にAとしょうがを入れて強めの中火で煮たて、1を入れて再び煮たったら、中火にして5～6分煮る。
3. ごぼうはたわしで洗って5～6cm長さに切り、縦半分に切る。
4. 2に水2カップと3のごぼうを加え、中火で15～20分煮て器に盛り、木の芽をのせる。

（藤井）

さばに焼き目をつけて香ばしい煮物に

焼きさばとごぼう、ねぎの煮物

材料（4人分）

さば（3枚に下ろしたもの）
……1尾分
ごぼう……大1本（200g）
長ねぎ……2本（200g）
サラダ油……大さじ1
だし汁……2カップ
A
- 酒……大さじ2
- しょうゆ……大さじ1
- みりん……大さじ1
- 塩……小さじ1/3

七味唐辛子（好みで）……少々

作り方

1. さばは腹骨を包丁ですき取り、半身を3等分に切る。皮目に横2本の切り目を入れ、塩少々（分量外）をふって10分おく。
2. ごぼうは、ささがきにして水に5分さらし、水けをきる。長ねぎは縦半分に切り、斜めに5～6㎜幅に切る。
3. さばの水けをペーパータオルで拭く。フライパンにサラダ油を熱し、中火で皮目から両面をこんがりと焼いて取り出す。
4. フライパンにだし汁を入れて温める。ごぼうを加えてふたをし、中火で4～5分煮る。3のさばと2の長ねぎ、Aを加え、さらに4～5分煮る。器に盛り、好みで七味唐辛子をふる。　（田口）

232kcal　塩分1.8g

さけのうまみと塩けがだし代わりに

塩ざけと大根のあっさり煮

材料（4人分）

甘塩ざけ……4切れ
大根……½本（600g）
酒……¼カップ
大根の葉……適量

作り方

1 さけは1切れを半分に切る。大根は皮をむいて2㎝厚さの半月切りにする。大根の葉は内側の葉を摘んでさっとゆで、水けをきる。
2 鍋に酒と水3カップ、大根を入れて中火にかける。落としぶた、鍋ぶたをして20〜30分、大根がやわらかくなるまで煮る。
3 鍋ぶた、落としぶたを外して強火にし、煮たったらさけを加える。再び煮たったら中火にし、あくを取って落としぶたをし、10〜15分煮る。
4 器に盛りつけ、大根の葉をあしらう。

（検見﨑）

243kcal　塩分2.2g

魚の風味がしみた豆腐も格別です

きんめだいと豆腐の煮物

材料（4人分）

きんめだい……4切れ
絹ごし豆腐……1丁
さやいんげん……80g
A
水……1カップ
しょうゆ……¼カップ
みりん……¼カップ
酒……¼カップ
砂糖……大さじ1
しょうが（薄切り）……3枚

作り方

1 きんめだいは皮目に切り目を入れ、豆腐は8等分に切る。いんげんは筋を取って半分に切る。
2 大きめのフライパン、または浅鍋にAを入れてひと煮たちさせ、1を入れる。再び煮たったら玉じゃくしなどで煮汁を表面にかけ、ふたをして、弱火で8〜10分煮る。
3 ふたを取り、煮汁をかけながら中火で3分ほど煮て仕上げる。器に盛り合わせ、煮汁をかける。

（小林まさみ）

323kcal　塩分2.0g

梅干しの力でまろやかな仕上がりに

さんまと昆布の梅煮

材料（4人分）

さんま……4尾
昆布……20cm長さ1枚
梅干し……大2個
長ねぎ……1本

A
- 酒、みりん……各1/4カップ
- しょうゆ……大さじ2
- 砂糖……小さじ1
- 水……1 1/2カップ

作り方

1 さんまは頭と尾を落とし、半分に切る。わたを除いてきれいに洗い、水けを拭く。
2 鍋に昆布とAを入れる。
3 梅干しは竹串で数か所刺す。長ねぎは魚焼きグリルなどでさっと焼いて4cm長さに切る。
4 2の鍋を火にかけ、煮たったら1のさんまと3の梅干しを入れる。煮汁を回しかけ、クッキングシートなどで落としぶたをして、弱めの中火で20分煮る。3の長ねぎを加えてさらに中火で5分煮て、煮汁を煮つめてからめる。
5 4の昆布は取り出して刻み、さんまとともに器に盛る。長ねぎ、梅干しも添える。

（藤野）

315kcal　塩分1.9g

酸味が利いて、後味すっきりの煮物

さんまとれんこんの酢じょうゆ煮

材料（4人分）

さんま……4尾
れんこん……100g
しょうが……大1かけ（20g）

A
- 酢……大さじ2
- 砂糖……大さじ2
- 酒……大さじ2
- しょうゆ……大さじ2 1/2

作り方

1 さんまは頭と尾を落とし、内臓を取り出して長さを3等分し、塩水（分量外）で洗う。水けをきって両面に斜めに浅く切り目を入れる。
2 れんこんは皮をむいて5〜6mm厚さの半月切りにし、水に2〜3分つけ、水けをきる。しょうがはせん切りにする。
3 フライパンにさんまを入れ、ひたひたの水を入れて火にかけ、煮たったら湯を捨てる。
4 3のフライパンにかぶるくらいの水（1〜1 1/2カップ）を入れ、2のれんこん、しょうが、Aを加え、落としぶたをして、煮汁が1/3以下になるまで煮る。

（田口）

新鮮ないかと、日本酒をたっぷり使った味わい深い一皿

いかのわた煮

材料（4人分）

するめいか（新鮮なもの）……2はい
いかのわた……3ばい分
酒……½カップ
塩……小さじ½
A ┌片栗粉……小さじ½
　└酒……小さじ2

作り方

1 いかは胴の中に指を入れ、わたを外してそっとわたごと足を引き抜き、胴と足に分ける。わたは傷つけないようにする。胴は洗って水けをきり、開いて縦2〜3つに切り、横1㎝幅に切る。足とわたは切り離し、わたは袋のままにしておく。足は目、くちばしを除き、吸盤のかたい部分をしごき取って食べやすく切る。

2 鍋の中を水でぬらして酒といかを入れ、上に袋のままのわたをのせ（写真a）、ふたをして強火にかける。煮たってわたが自然にはじけたら塩を加え（写真b）、強火のまま手早くかき混ぜる。

3 いったん、いかを取り出して、煮汁に溶いたAを加えてとろみをつける。火を止め、いかを戻してひと混ぜする。（小林カ）

Memo　**1ぱい分残ったいかの身は、ほかの料理に使います。もしくは、わただけ1ぱい分余分に魚屋さんに分けてもらっても。**

a
わたは袋ごと火を通すのが、生ぐさみを出さないコツ。

b
わたがふくらんで、袋がはじけたら塩を加えるタイミング。

274kcal　塩分2.4g

じゃがいもにいかのうまみがしみています

いかじゃが

材料（4人分）

するめいか……大1ぱい
じゃがいも……5個（600g）
玉ねぎ……1個（200g）
絹さやえんどう……12枚

A
- だし汁……2カップ
- 砂糖……大さじ3
- 酒……大さじ2

B
- しょうゆ……大さじ4
- みりん……大さじ2

バター……大さじ2

作り方

1. じゃがいもは皮をむき、大きめの一口大に切り、5分ほど水にさらす。玉ねぎは2㎝幅のくし形切りにし、絹さやは筋を取る。
2. いかは胴から足を抜いてわた、目、くちばしを除いて洗い、水けをきる。胴は1㎝幅の輪切りにし、足は2～3本ずつ切り離して2～3つに切る。
3. 鍋にA、水けをきったじゃがいも、玉ねぎを入れてざっと混ぜて強火にかけ、ひと煮たちしたらあくをすくう。
4. 落としぶたをして、じゃがいもに竹串がやっと通るようになるまで中火で8分ほど煮る。
5. Bを加えて混ぜ、再び落としぶたをして中火で4分ほど煮る。具を端に寄せ、いか、絹さやを入れ、バター大さじ1を加え、2～3分煮る。
6. 器に盛り、バター大さじ1をのせる。

（小林ま）

189kcal　塩分3.0g

しょうがのさわやかな香りがたっぷり

さわらと玉ねぎの塩しょうが煮

材料（4人分）

さわら……4切れ
新玉ねぎ……1½個（300g）
新しょうが
……6〜7かけ（100g）
しめじ……½パック（50g）
豆苗……½袋（60g）

A
- だし汁……3カップ
- 塩……小さじ2弱
- 酒……大さじ3
- しょうゆ……少々

作り方

1 玉ねぎは縦半分に切り、横に1cm幅に切る。しょうがは皮をむき、薄切りにする。
2 しめじは石づきを切ってほぐす。豆苗は根元を切って長さを半分に切る。
3 フライパンにAを煮たて、1を加えてふたをし、弱めの中火で5分煮る。
4 しめじとさわらを加え、さらに4分煮て器に盛り、豆苗を添える。

（堤）

484kcal　塩分2.3g

かぶなら火が早く通るのでスピーディー

ぶりとかぶの煮物

材料（4人分）

ぶり（あら）……800g
かぶ（葉つき）……5個（500g）
しょうが（薄切り）
……1かけ分（15g）

A
- 水……1½ カップ
- 酒、みりん、しょうゆ
……各大さじ4
- 砂糖……大さじ2

作り方

1 かぶは茎を約3cm残して切り、つけ根部分の汚れた皮はむいて縦半分に切り、水の中で竹串を使って根元の汚れを落とす。葉は5cm長さに切る。
2 ぶりは熱湯に通して水に取り、血や汚れを洗って水けを拭く。
3 鍋にAを入れて中火で煮たて、しょうが、ぶりを加える。再び煮たったらあくを取り、落としぶたをして弱火で12〜13分煮る。途中一度ぶりを裏返す。
4 煮汁が半分くらいになったらかぶを加え、落としぶたと鍋ぶたをして途中で上下を返し、5〜6分煮る。
5 かぶの葉を加えて落としぶただけをし、さらにやわらかくなるまで5分ほど煮る。

（石原）

Memo 旬のかぶで葉が多いときは、葉の量を減らしてください。

430kcal　塩分2.1g

さんまとみその相性がいいボリューム煮物

さんまだんごとじゃがいものみそ煮

材料（4人分）

- さんま（3枚に下ろしたもの）……4尾分
- A
  - 酒……大さじ1
  - みそ……小さじ1½
  - 卵黄……1個分
  - 片栗粉……小さじ2
  - 重曹（あれば）……小さじ½
- じゃがいも……2個
- 細ねぎ……2本
- B
  - だし汁（昆布）……2½カップ
  - 酒……大さじ4
- みそ……大さじ1
- しょうゆ……大さじ1
- 砂糖……小さじ1

作り方

1. さんまは1尾分を1㎝大に切る。残りは包丁で細かくたたき、Aとともにすり鉢ですってすり身にする。切った分も混ぜ合わせ、8等分して丸める。
2. じゃがいもは皮をむいて大きめの乱切りにする。細ねぎは斜め切りにして水にさらし、水けをきる。
3. 鍋にBと2のじゃがいもを入れ中火にかけ、火が通ったらみそを溶き入れる。1のだんごを入れ、火が通ったら、しょうゆと砂糖を加えてひと煮する。
4. 器に盛り、2の細ねぎをのせる。

（福田）

105kcal　塩分2.8g

冷やすと素材にだし汁がよくしみます

えびだんごととうがんの冷やし鉢

材料（4人分）

- えび（殻つき）……200g（正味）
- とうがん……⅛個（正味400g）
- A
  - しょうが汁……小さじ1
  - 酒……大さじ1
  - 卵白……¼個分
  - 塩……小さじ½
- 片栗粉……小さじ1
- B
  - だし汁……2〜3カップ
  - 酒……大さじ2
  - みりん……大さじ2
  - 塩……小さじ1
  - しょうゆ……小さじ1

作り方

1. とうがんは種とわたを除き、皮を薄くむく。4㎝角に切り、湯を沸かして入れ、竹串がスッと通るまで下ゆでして水けをきる。
2. えびは殻と背わたを除き、包丁で粘りが出るまでたたく。ボウルに入れ、Aを加えてよく混ぜ、片栗粉も加えて混ぜる。
3. 2を12等分して丸め、熱湯に落としてゆで、水けをきる。
4. 鍋にBを煮たて、1、3を入れて落としぶたをし、中火で10分ほど煮る。汁ごと冷やして器に盛る。

（葛西）

Memo えびはフードプロセッサーで粗くすりつぶすと便利です。

しっかり味のしみたぶりは冷めてもおいしい

ぶりのみそ漬け焼き

材料（4人分）

ぶり（背側）
……4切れ（460g）

A
- みそ……80g
- 酒……大さじ2
- しょうが（すりおろし）……小さじ1

ししとうがらし……8本
菊花かぶ（p.144参照）
……4個

作り方

1. ボウルにAを合わせて混ぜる。
2. バットにラップを敷き、1の½量を薄くのばし、ぶりを並べて、残りのみそを全体にぬり（写真a）、ラップをかぶせて冷蔵庫で6時間～一晩漬ける。
3. ぶりは焼く30分～1時間前に冷蔵庫から出しておき、表面のみそをゴムべらなどで取る（写真b）。
4. 魚焼きグリルを熱してぶりを並べ、中火で6～7分焼く。途中ししとうもあいたところに並べて2～3分焼く。
5. 器にぶりを盛り、ししとう、菊花かぶを添える。　（大庭）

Memo **ぶりは冷蔵庫から出し、室温に戻してから焼くと、焼きむらができません。**

みそは均一にのばして、ぶり全体にぬる。

ゴムべらなどで、表面のみそをきれいに取ると焦げにくい。

194kcal　塩分0.6g

こくのあるみそだれで豊かな味わいに

さわらのみそマヨ焼き

材料(4人分)

さわら……4切れ(320g)

A
- みそ……大さじ½
- マヨネーズ……大さじ2
- 白すりごま……小さじ1
- ごま油……少々

木の芽(好みで)……適量

作り方

1 さわらは1切れを3〜4等分のそぎ切りにする。

2 Aはよく混ぜ合わせる。

3 オーブントースターの天板にオーブン用シートを敷き、1のさわらを並べ、2のみそだれをのせて約7分焼く。

4 器に盛り、好みで木の芽をのせる。（市瀬）

Memo 小ぶりに切ってから焼くのでお弁当のおかずにもぴったりです。

119kcal　塩分1.6g

きゅうりの風味を生かしたソースがさわやか

すずきの酒塩焼き みどりソース添え

材料(4人分)

すずき……4切れ

塩……小さじ½

酒……大さじ2

きゅうり……2本

青じそ(せん切り)……3枚分

細ねぎ(小口切り)……3本分

A
- 柑橘の搾り汁……大さじ1
- しょうゆ……大さじ1

作り方

1 すずきは塩、酒をふり、10分ほどおいて、焼き網で両面を焼いて火を通す。

2 きゅうりは粗めのおろし金ですりおろし、軽く水けを絞る。青じそ、細ねぎと混ぜ、Aで調味する。

3 器に1のすずきを盛り、2を添える。（藤野）

Memo 涼しげな色や盛りつけも食欲増進にひと役買います。柑橘はすだちやかぼす、レモンなど好みのものを使いましょう。

秋のゆで野菜を添えて、旬づくしの一皿に

さんまのかば焼き

材料（4人分）

さんま……4尾
さつまいも……4cm
れんこん……4cm
小麦粉……適量
サラダ油……小さじ2
A
- 酒……大さじ3
- しょうゆ……大さじ3
- みりん……大さじ2
- 砂糖……大さじ1

粉山椒……少々

作り方

1 さつまいもは皮ごと1cm厚さの輪切りにし、3%の塩水（分量外）に10分くらいつけてからゆでる。れんこんは皮をむき、1cm厚さの輪切りにし、ひたひたの湯でゆでる。

2 さんまは三枚おろしにし（p.209参照）、長さを半分ずつに切る。水けを拭いて小麦粉を全体にふる。

3 フライパンを中火にかけてサラダ油を回し入れ、油がなじんだところで、さんまの身を下にして次々に並べ入れる（写真a）。フライパンを揺すりながら焼き、焼き色がついたら裏返し、両面をこんがり焼く。焼けたものからいったん取り出す。

4 フライパンをきれいにして、Aを入れて中火にかけ、さんまを戻し入れてくずさないようにからめ、火を止める。

5 水けをきった1の野菜を添えて器に盛り、さんまに粉山椒をふる。

（小林カ）

a

身側を上にして盛りつけるので、フライパンがきれいなうちに身側を焼くと、きれいに焼き目がつく。

春が旬の魚と山菜をたっぷり使って

さわらと野菜の焼きびたし

材料（4人分）

さわら……4切れ（400g）
ゆでたけのこ……200g
うど（茎）……16cm
A
- だし汁……1カップ
- 薄口しょうゆ……大さじ½
- みりん……大さじ½
- 酒……大さじ½
- 塩……少々

木の芽……適量

作り方

1. たけのこは4等分のくし形に切る。うどは皮をむき、4cm長さに切って縦半分に切り、水にさらし水けをきる。
2. 1とさわらに塩少々（分量外）をふって、魚焼きグリルに並べる。両面に焼き色がつくまで中火で8分ほど焼く。
3. 大きめの鍋にAを合わせて煮たて、2を入れる。煮汁をかけながらさっと煮て、器に盛り、木の芽を添える。（きじま）

シンプルな調理でかますの淡泊な持ち味を生かして

かますの焼きびたし

材料（4人分）

かます……2尾
A
- だし汁……1½カップ
- しょうゆ……大さじ1
- みりん……大さじ1
- 砂糖……小さじ2
- 塩……少々

水菜……1把（200g）
削り節……適量

作り方

1. かますは頭と尾を落として、4cmの筒切りにする。塩水（分量外）につけながら内臓を除き、きれいに洗って水けを拭く。
2. 1のかますに軽く塩（分量外）をふり、魚焼きグリルで火が通るまで焼き、骨抜きなどで骨を抜く（頭側から骨を抜くと抜きやすい）。
3. 鍋にAを入れて煮たて、2を加えて中火で約5分煮る。
4. 水菜を加えて、さっと火を通して取り出し、3cm長さに切る。
5. 4のかますと水菜を器に盛りつけ、煮汁をかけて、削り節をのせる。（柳原）

香味じょうゆにつけてから焼くので、ソースいらず

さんまのごま焼き

材料（4人分）

さんま（3枚に下ろしたもの）……4尾分

A
- にんにく（すりおろし）……小1かけ分
- しょうが（すりおろし）……1かけ分（15g）
- しょうゆ……大さじ3
- 酒……大さじ1½

B
- 小麦粉……適量
- 溶き卵……適量
- 白いりごま……適量

サラダ油……適量
ししとうがらし……8本
塩……少々
こしょう……少々
レモン（半月切り）……適量

作り方

1 さんまは腹骨を除き、5〜6cm長さに切る。バットにAを混ぜ合わせてさんまを入れ、ときどき返しながら15分ほどおく。
2 さんまの汁けを拭き、Bの小麦粉、溶き卵、ごまの順に衣をつける。
3 フライパンにサラダ油少々を熱し、ししとうを炒め、塩、こしょうをふって取り出す。
4 3のフライパンにサラダ油大さじ1を足し、2を並べ入れる。中火で両面を香ばしく焼いて火を通し、ししとうとともに器に盛り、レモンを添える。

（河野）

フライパンで蒸し焼きにしてしっとり仕上げ

さけとキャベツのちゃんちゃん焼き風

材料（4人分）

生ざけ……4切れ
キャベツ……200g
玉ねぎ……1個
ピーマン……3個
サラダ油……大さじ2

A
- みそ……100g
- 砂糖……大さじ2½
- 酒……大さじ1
- 長ねぎ（みじん切り）……½本分

作り方

1 さけは半分に切る。
2 キャベツはざく切りに、玉ねぎは縦に半分に切って、横に1cm幅に切る。ピーマンは縦半分に切ってへたと種を取り、一口大の乱切りにする。
3 Aを混ぜ合わせてみそだれを作る。
4 フライパンにサラダ油大さじ1½を中火で熱して2を炒め、3のみそだれの⅓量を入れてざっと炒め合わせ、器に広げて盛る。
5 続けて4のフライパンにサラダ油大さじ½を熱し、1のさけの身のほうを焼いて返し、さけの上に残りのみそだれをぬる。
6 ふたをして弱火で6〜7分蒸し焼きにし、4の野菜の上に盛る。

（田口）

Memo **ちゃんちゃん焼きは、さけと野菜を鉄板で蒸し焼きにした、北海道の郷土料理。みそで味つけするのが一般的です。**

うなぎのかば焼きのたれで手早く作ります

うなぎとなすの スタミナ焼き

材料（4人分）

うなぎのかば焼き……1串（150g）
なす……4本（320g）
にんにく……1かけ
赤唐辛子……1〜2本
ごま油……大さじ2
酒……大さじ3
うなぎのたれ（添付のもの）
……1袋
粉山椒（添付のもの、好みで）……1袋

作り方

1 なすはへたを切り落とし、乱切り、または1cm厚さの輪切りにし、水につけてあく抜きをし、ざるに上げて水けをきる。
2 うなぎは串を抜き、一口大に切る。
3 にんにくはつぶし、赤唐辛子は種を取って小口切りにする。
4 フライパンにごま油とにんにく、赤唐辛子を入れて弱火で熱し、香りが出てきたら中火でなすを炒める。
5 酒を加えてふたをし、1〜2分蒸してたれをからめ、うなぎを加えて軽く炒め、器に盛る。好みで粉山椒をふる。（井澤）

Memo **うなぎのたれが足りないときはしょうゆ、みりん各大さじ1を足しましょう。**

みそが食欲をそそる夏向きの主菜

白身魚の薬味みそ焼き

材料（4人分）

白身魚（めかじきなど好みで）……4切れ（320g）
みょうが……4個（50g）
青じそ……10枚
しょうが（みじん切り）……大さじ1
A ┌ みそ……大さじ4
　└ 砂糖……大さじ1
小麦粉……適量
サラダ油……大さじ1
酒……大さじ2
穂じそ……適量

作り方

1 みょうがは縦半分に切って小口切りにし、青じそはせん切りにする。
2 1としょうが、Aをよく混ぜて薬味みそを作る。
3 魚の厚みに切り目を入れて2の薬味みそを挟み、全体に軽く小麦粉をまぶす。
4 フライパンにサラダ油を熱して中火で3の両面を焼く。焼き色がついたら酒をふりかけ、ふたをして火を弱めて2〜3分蒸し焼きにして、中まで火を通す。
5 器に盛り、穂じそを添える。（石澤）

Memo **使いきれない青じそは、ぬらしたペーパータオルに挟み、上からぴっちりラップをかけて冷蔵すれば1週間は保存できます。**

219kcal　塩分1.6g

だんだん味がしみて、味わいが変化します

ししゃもの焼き南蛮漬け

材料（4人分）

ししゃも……12尾
れんこん……300g
長ねぎ……½本
にんじん……½本
貝割れ菜……½パック
ごま油……大さじ2

A
砂糖……大さじ1
しょうゆ、酢……各大さじ3
みりん、酒……各大さじ2
水……大さじ4
赤唐辛子（小口切り）……少々

作り方

1 れんこんは皮をむき、1.5㎝厚さの半月切りにし、水に放す。
2 長ねぎは斜め薄切りにし、にんじんは皮をむいて細切りにする。
3 鍋に2とAを入れてさっと煮たて、バットに移す。
4 フライパンにごま油大さじ1を熱し、れんこんの水けをきって並べ入れ、ふたをして弱めの中火で両面を7～8分焼き、3につける。
5 4のフライパンにごま油大さじ1を足し、ししゃもを入れ、ふたをして弱めの中火で両面を6～7分焼き、4につける。
6 好みの状態につかったら器に盛り、根元を落として食べやすく切った貝割れ菜を添える。

（舘野）

28kcal　塩分0.9g

さっと焼いてうまみを凝縮。晩酌にも最適

ほたるいかの串焼き

材料（4人分）

ほたるいか（ゆでたもの）……12はい
長ねぎ……1本（100g）
レモン（くし形切り）……2切れ
塩……小さじ½
粗びき黒こしょう……少々

作り方

1 長ねぎは4㎝長さに切り、ほたるいかとともに魚焼きグリルに並べ、焼き色がつくまで裏返しながら焼く。
2 竹串にほたるいか3ばいと長ねぎ2切れを交互に刺す。残りも同様に作る。
3 器に盛り、塩、こしょうをふり、レモンを半分に切って添える。

（きじま）

いかはさっと炒めて、やわらかく仕上げます

いかと香味野菜の梅じょうゆ炒め

92kcal　塩分1.0g

材料（4人分）

いかの胴……小2はい分
みょうがが……3個
細ねぎ……3本
にんにく（みじん切り）
……小さじ1
A
- 梅干し……1個（正味小さじ1）
- しょうゆ……小さじ2

サラダ油……大さじ1½

作り方

1 いかは皮をむき、裏側に縦に細かく切り目を入れて、包丁をねかせて切り目に直角に2㎝間隔で切り目を入れ、一口大に切る。
2 湯を沸かしていかを入れてさっとゆで、ざるに取って水けをきる。
3 みょうがは斜め薄切りにし、細ねぎは小口切りにする。
4 Aの梅干しは種を除き、包丁で細かくたたいてしょうゆを混ぜる。
5 フライパンにサラダ油とにんにくを入れて弱火にかけ、香りが出たら、2のいかと3のみょうがを加え、強火で炒める。
6 4を加えて全体にからめ、器に盛り、細ねぎをふる。（葛西）

仕上げにしょうゆを加えて香ばしく

ほたてととうもろこしのバターじょうゆ炒め

295kcal　塩分2.0g

材料（4人分）

ほたて貝柱……200g
とうもろこし……1½本（450g）
グリーンアスパラガス
……7～8本（150g）
サラダ油……大さじ2
塩……小さじ⅔
こしょう……少々
白ワイン……大さじ3
しょうゆ……大さじ1
バター……40g

作り方

1 とうもろこしは実を包丁で外してほぐす。アスパラガスは根元のかたい皮をピーラーでむいて1㎝幅に切る。ほたては食べやすい大きさに手でちぎる。
2 フライパンにサラダ油を熱し、中火でほたての表面をさっと炒めて取り出す。続けてとうもろこしとアスパラガスを強火で炒め、塩 、こしょうをふる。
3 野菜に火が通ったらほたてを戻し、白ワインを回し入れてアルコールをとばす。水分がなくなったら、しょうゆを加えてからめ、バターを加えて混ぜ、器に盛る。（高井）

572kcal　塩分2.9g

さんまには下味をしっかりつけて揚げるとおいしい

さんまとかぼちゃの竜田揚げ

材料（4人分）

さんま……3尾（540g）
かぼちゃ……½個（500g）
A ┌しょうゆ……大さじ1
　│みりん……大さじ1
　└酒……大さじ1
片栗粉……適量
揚げ油……適量
大根おろし……大さじ3〜4
青じそ……2〜4枚
ポン酢じょうゆ……適量

作り方

1 さんまは開いて頭と中骨を取り、食べやすく切ってAに15分つける。
2 かぼちゃは8㎜厚さのくし形切りにする。
3 揚げ油を160℃に熱し、かぼちゃを素揚げにする。
4 さんまの汁けを拭いて片栗粉をまぶし、175℃の揚げ油で2〜3分揚げる。
5 器に3と4を盛り合わせ、大根おろしと青じそを添えて、ポン酢を回しかける。（井澤）

Memo **かぼちゃはかたくて切りにくい場合はあらかじめ蒸したり、電子レンジにかける方法もおすすめです。**

にんにくとパセリで香ばしさをプラス

あじの香味フライ

材料（4人分）

あじ……4尾（800g）
塩、こしょう……各適量
A
- 卵……1個
- 小麦粉……大さじ3〜4

揚げ油……適量
レモン（くし形切り）……適量
中濃ソース……適量
B
- パン粉（あれば生パン粉）……3カップ
- にんにく（すりおろし）……1かけ分
- パセリ（みじん切り）……大さじ4
- こしょう……少々

作り方

1 あじは頭と内臓を取り、3枚に下ろして（p.209参照）腹骨を除き、塩、こしょうをふる。
2 ボウルにAを入れ、水¼カップを加えて混ぜ合わせる。
3 バットなどに、Bを混ぜ合わせ、香味パン粉を作る。
4 あじを2にくぐらせ、3の香味パン粉をまぶし、170℃に熱した揚げ油で、色よく揚げる。
5 器に盛りつけ、レモンとソースを添える。（瀬尾）

こってりとしたみそ味がかつおに合う

かつおのみそかつ

材料（4人分）

かつお（刺し身用）……1さく（400g）
A
- みそ、砂糖……各小さじ2
- みりん……小さじ1
- しょうゆ……小さじ½
- にんにく（すりおろし）……少々
- しょうが汁……少々

牛乳……小さじ1
塩、こしょう……各適量
小麦粉……適量
溶き卵……適量
B
- パン粉……大さじ6
- 粉チーズ……大さじ1

揚げ油……適量
キャベツ（せん切り）……2枚分（100g）
レモン（くし形切り）……適量

作り方

1 耐熱容器にAを入れて混ぜ合わせ、ラップをかけて電子レンジ（500W）で20秒加熱する。いったん取り出して混ぜ合わせ、さらに20秒加熱する。牛乳を加えて混ぜ合わせ、たれを作る。
2 かつおは塩、こしょうをふって下味をつける。小麦粉、溶き卵の順につけ、混ぜ合わせたBをまぶす。
3 揚げ油を170℃に熱し、2をからりと揚げる。
4 食べやすく切って器に盛り、キャベツとレモンを添え、1のたれを添える。（コウ）

407kcal　塩分1.2g

衣をつけるとうまみが抜けず、パサつきません

ぶりのふんわり衣揚げ

材料（4人分）

ぶり……4切れ
A┌しょうゆ……大さじ1
　└酒……大さじ1
揚げ油……適量
レモン……適量
B┌卵……1個
　│塩……小さじ1/4
　│こしょう……少々
　│ごま油……小さじ1
　│みりん……小さじ1
　└小麦粉……大さじ8

作り方

1 ぶりは大きめの一口大に切り、Aをからめて15分おく。
2 レモンはくし形切りにして、2〜3つに切る。
3 Bを合わせてなめらかになるまで混ぜ、ぶりの汁けをきってからめる。
4 揚げ油を170〜180℃に熱し、3をからりと揚げる。油をきって器に盛り、2のレモンを添える。（検見﨑）

294kcal　塩分1.7g

脂ののったさばと大根おろしは相性抜群！

揚げさばの染めおろし

材料（4人分）

さば（3枚に下ろしたもの）……1尾分
大根おろし……1カップ分
しょうが……1かけ（15g）
細ねぎ……2〜3本
塩……小さじ1/4
小麦粉……適量
揚げ油……適量
ポン酢じょうゆ……適量

作り方

1 しょうがはすりおろす。細ねぎは小口切りにする。
2 さばは2cm幅に切って塩をふり、小麦粉を薄くまぶす。すぐに170℃の揚げ油できつね色になるまでカリッと揚げ、油をきる。
3 大根おろしはざるに取って汁けを軽くきり、1のしょうがと混ぜる。
4 2のさばを3で和えて器に盛り、ポン酢じょうゆを回しかけ、1の細ねぎをふる。（河野）

307kcal　塩分0.6g

青じそをたっぷり使った変わり衣でさっぱりと

あなごのしそ天

材料（4人分）

あなご（開いたもの）……2本
青じそ……20枚
A ┌小麦粉……大さじ5
　 │片栗粉……大さじ2
　 └塩……ひとつまみ
小麦粉……適量
揚げ油……適量

作り方

1 あなごは一口大に切る。
2 青じそは縦半分に切り、細切りにする。
3 ボウルにAを入れ、水大さじ4を少しずつ加えて、よく混ぜる。青じそを加えて、全体を混ぜ合わせる。
4 1のあなごに小麦粉を薄くまぶし、3にくぐらせて、180～200℃に熱した揚げ油で、カリッと揚げる。（舘野）

Memo 好みで塩やポン酢をかけて食べてもよいでしょう。

259kcal　塩分0.5g

ホクホクなのにあっさり味が魅力の一品

えびと長いものコロッケ

材料（4人分）

むきえび……120g
長いも……400g（正味）
玉ねぎ……¼個（50g）
生しいたけ……4枚
片栗粉……小さじ1
サラダ油……大さじ½
小麦粉……小さじ1
A ┌小麦粉……適量
　 │溶き卵……適量
　 └パン粉……適量
揚げ油……適量
パセリ……少々

作り方

1 長いもは皮をむき3㎝厚さに切り、酢水（分量外）にさらす。やわらかくなるまで15分ほどゆでて湯を捨て、中火にかけて水けをとばし、フォークなどでつぶす。
2 玉ねぎ、しいたけは粗みじん切りにする。えびは背わたを取り、片栗粉をまぶし、水洗いして水けを拭き1㎝幅に切る。
3 フライパンにサラダ油を熱し、玉ねぎを炒め、しんなりしたらえび、しいたけを加えて炒め、塩、こしょう各少々（分量外）をし、小麦粉をふってよく炒め、1に混ぜて冷ます。
4 3を8等分して俵形にし、Aを順につけ、170℃に熱した揚げ油でからりと揚げ、器に盛ってパセリを添える。（今泉）

Memo 好みでソースをかけて食べてもよいでしょう。

40kcal　塩分1.0g

ささっと作れるのがうれしい定番の味

あさりの酒蒸し

材料（4人分）

あさり（砂出ししたもの）……400g
細ねぎ……適量
赤唐辛子……1～2本
酒……½カップ
しょうゆ……少々

作り方

1 あさりは、ひたひたの3％の塩水（分量外）に30分以上つけておく。使う前に何度か水を替えて、殻をこすり洗いする。
2 細ねぎは2cm長さに切る。
3 鍋にあさりを入れ、赤唐辛子をのせて酒を加え、ふたをして強めの中火にかけ、全部口が開くまで蒸す。
4 熱いうちに2の細ねぎを加え、ひと混ぜして汁ごと器に盛る。しょうゆをかけて食べる。（小林カ）

Memo **あさりは砂出ししたものを買っても念のため、塩水につけて砂出しすると安心です。食べるときにかけるしょうゆは、煮てしまうと違う味になるので、あくまでかけて食べます。**

181kcal　塩分0.9g

仕上げにすだちを搾って香りよく

いさきの香り蒸し

材料（4人分）

いさき……4切れ
クレソン……5把（200g）
セロリ……小1½本（200g）
長ねぎ……1½本（150g）
みょうが……10個（100g）
塩……小さじ1
酒……大さじ2
A［オリーブオイル……少々
　塩……少々］
すだち……2個

作り方

1 いさきは塩をふり、20分おく。熱湯にさっとくぐらせて、冷水に取り、汚れを取って水けを拭く。
2 クレソンは4cm長さに切る。セロリは4cm長さのせん切りにする。長ねぎは斜め薄切りにする。みょうがは縦半分に切ってからせん切りにする。これらをボウルに合わせ、冷水にさっとさらして水けをきる。
3 バットに2を敷き、1のいさきをのせて酒をふる。蒸気の上がった蒸し器に入れ、強火で6分蒸す。
4 器に盛り、Aをふる。半分に切ったすだちを添え、果汁を搾って食べる。（高井）

辛子の香りが、かつおの味を引き立てる

かつおと焼きなすの辛子ポン酢

175kcal　塩分1.6g

材料（4人分）

かつお（刺し身用）……1さく（300g）
なす……4本（320g）
塩、こしょう……各少々
玉ねぎ……1個（200g）
細ねぎ……5本
練り辛子……適量
ポン酢じょうゆ……適量

作り方

1 かつおは塩、こしょうを軽くふり、熱したフライパンで表面をぐるりと焼きつけ、1cm厚さに切る。
2 なすはへたを取って、縦半分に切り、熱した魚焼きグリルで焼き、焦げ目をつける。
3 玉ねぎは薄切りにして、水にさらしてざるに取り、水けをきる。
4 細ねぎは小口切りにする。
5 器に1、2、3を盛り合わせ、4をちらして、辛子を添え、ポン酢をかけて食べる。（井澤）

わさび入りのドレッシングが食欲をそそる、お刺し身サラダ

たこといかのカルパッチョ

125kcal　塩分1.7g

材料（4人分）

ゆでだこ（刺し身用）……250g
いか（刺し身用）……100g
貝割れ菜……1パック
みょうが……5個
A
- レモン汁（または酢）……大さじ1
- オリーブオイル……大さじ1
- 練りわさび……小さじ1
- しょうゆ……大さじ1½

作り方

1 たこは薄切りにし、器に盛る。いかは細切りにし、塩少々（分量外）をふる。
2 貝割れ菜は根元を落として半分に切り、みょうがは縦半分に切って斜め薄切りにし、ともに水につけ、水けをきって1のいかと混ぜる。
3 1の器に2を盛り合わせ、Aを混ぜ合わせてドレッシングを作ってかける。（田口）

Memo カルパッチョはイタリア風の鮮魚の前菜ですが、しょうゆ味で和風にアレンジするとご飯に合います。

卵・大豆製品の主菜

91kcal　塩分0.7g

卵にだしを入れるとふわふわの仕上がりに

ふんわりにら玉

材料（4人分）

卵……3個
にら……1把
だし汁（冷たいもの）……$\frac{1}{2}$カップ
薄口しょうゆ……小さじ2
ごま油……大さじ1

作り方

1 にらは3cm長さに切る。
2 ボウルに卵を割り入れ、泡立てないようにざっとほぐす。だし汁、薄口しょうゆを加えて混ぜ（写真a）、1のにらも混ぜる。
3 フライパンを強めの中火にかける。熱くなったらごま油を回し入れ、2を一気に流し入れ、まわりが固まったら、フライ返しなどで、空気を入れるように大きく混ぜてふんわりと仕上げ（写真b）、火を止めて器に盛る。

（小林カ）

Memo **卵は作る直前に割りほぐすとコシがなくなりません。泡だてないようにざっと混ぜるのもコシをなくさないコツです。**

a
卵にだし汁を加えると香りよく、口当たりもよくなる。

b
空気を入れるように大きく混ぜると、卵がやわらかく仕上がる。

209kcal　塩分1.1g

きのこのあんがたっぷりの口当たりのよい一品

やまといもオムレツのきのこあんかけ

材料（4人分）

卵……4個
やまといも……150g
まいたけ……100g
ぎんなん（水煮）……12粒
塩……少々
サラダ油……小さじ2

A
- だし汁……½カップ
- みりん……大さじ1
- しょうゆ……大さじ1
- 砂糖、塩……各少々

B
- 片栗粉……小さじ1½
- 水……大さじ1

作り方

1 やまといもは皮をむき、すりおろす。まいたけは石づきを切り、小房に分ける。
2 小鍋にA、まいたけ、ぎんなんを入れて煮たて、Bの水溶き片栗粉でとろみをつける。
3 ボウルに卵を割りほぐし、塩を加えてさっと混ぜる。
4 フライパンにサラダ油を入れて中火にかけ、3の卵液を流し入れて大きく3～4回混ぜ、1のやまといもを手早くのせ、さらに4～5回混ぜたら半熟状に焼きあげて器に盛る。2のあんを回しかける。（舘野）

Memo 長いもでなく、粘りの強いやまといもで作るのがポイント。

252kcal　塩分1.7g

みょうがの風味と歯ざわりが決め手

うなぎとみょうがの卵とじ

材料（4人分）

卵……3～4個
うなぎのかば焼き…2串（200g）
みょうが……6～7個（100g）

A
- だし汁……1カップ
- 塩……小さじ¼～⅓
- みりん……大さじ3
- しょうゆ……小さじ2

粉山椒……適量

作り方

1 うなぎは串を抜き、2～3cm幅に切る。みょうがは縦半分に切って5mm幅の斜め薄切りにする。
2 フライパンにAを入れて煮たて、うなぎを入れてみょうがを全体をちらし、中火でさっと煮る。
3 卵を溶いて回しかけ、ふたをして卵が半熟になるまで火を通したら、火を止めてふたをしたまま1～2分蒸らす。
4 器に盛り、粉山椒をふる。（清水）

Memo かば焼きについているたれを使う場合は、Aのみりん、しょうゆの量を減らします。

220kcal　塩分1.8g

炒める前にゴーヤーをサッとゆでると苦みがやわらぎます

ゴーヤーチャンプルー

材料（4人分）

ゴーヤー……1本
木綿豆腐……1丁
豚ばら薄切り肉……100g
溶き卵……1個分
塩……適量
しょうが（みじん切り）
……1かけ分（15g）
サラダ油……大さじ1
A 塩……小さじ½
　しょうゆ……大さじ1
　みりん……大さじ1
　こしょう……少々

作り方

1 豆腐は皿などを2～3枚のせて30分くらいおき、水きりをする（写真a）。縦半分にして横に1cm厚さに切る。
2 ゴーヤーは縦半分にしてわたと種をスプーンなどでこそげ取り、2～3mm厚さの斜め薄切りにする。塩小さじ1を入れたたっぷりの熱湯でさっとゆで、ざるに上げる（写真b）。
3 豚肉は食べやすい大きさに切る。
4 フライパンを中火にかけ、温まったらサラダ油をひき、豚肉を入れてすぐに塩ひとつまみ、しょうが、豆腐の順に加え、強めの中火で焼きつけるように炒める。
5 肉の色がすっかり変わり、豆腐が熱くなったらゴーヤーを加えて、強火で炒める。油が回ったらAを加え、全体が熱くなったら、溶き卵を回し入れ、パラッとするまで卵をからめるように炒め、火を止める。（小林カ）

a
豆腐はペーパータオルで包み、下に受け皿を置いたざるにのせ、皿などの軽い重しをのせる。

b
塩を入れた熱湯でゆでると、歯ごたえが残る。ゴーヤーを入れて煮たったら引き上げる。

口の中においしい煮汁が広がります

高野豆腐の肉詰め煮

材料（4人分）

高野豆腐……4枚
鶏ひき肉……100g
にんじん……4㎝（40g）
生しいたけ……2枚
さやいんげん……4本

A
- 酒……小さじ2
- 砂糖……小さじ1
- 片栗粉……小さじ1
- 塩……少々

B
- だし汁……2カップ
- 酒……大さじ2
- みりん……大さじ2
- 砂糖……大さじ2
- しょうゆ……大さじ1
- 塩……小さじ½

作り方

1 高野豆腐は表示どおりにもどして水けをよく絞る。
2 1の短いほうの辺の厚みの真ん中に、包丁を入れ、長いほうの両端を切り離さないように反対側まで切り込みを入れていき、筒状にする。
3 にんじんは皮をむいてみじん切り、しいたけは石づきを切ってみじん切り、いんげんは小口切りにする。
4 ボウルにひき肉、A、3を入れて粘りが出るまで練る。4等分し、2の高野豆腐に詰める。
5 鍋にBを入れて煮たて、4を並べ入れる。クッキングシートなどで落としぶたをして弱めの中火で20分ほど煮る。
6 5を横に半分に切って器に盛る。　（小林ま）

Memo **一度冷ましてから温めなおして食べると、味がしみてさらにおいしくなります。**

171kcal　塩分0.5g

豆腐の水きりをしっかりすることがポイント

自家製がんもどき

材料（4人分）

木綿豆腐……1丁（300g）
ブロッコリー……½個（80g）
にんじん……20g
ひじき（乾燥）……5g
かぼちゃ……100g
卵白……½個分
A 片栗粉……小さじ1
A しょうゆ……小さじ1
A 塩……少々
揚げ油……適量
しょうが（すりおろし）……適量
しょうゆ……適量

作り方

1 豆腐は重しをして2時間ほどおき、⅔くらいの厚みになるまで水きりをする。電子レンジ（500W）を利用するときは、耐熱皿に豆腐をのせ、そのまま4分加熱したら皿を1枚のせ、冷めるまでおいて、出た水を捨てる。
2 ブロッコリーとにんじんはゆでて粗いみじん切りにする。ひじきは洗って水につけてもどし、水けをきって刻む。
3 かぼちゃはわたと種を取り、1㎝幅に切る。
4 1の豆腐をつぶすように練り、2、卵白、Aを加えて練り混ぜる。
5 揚げ油を中温（170℃）に熱し、4を一口大に丸めて揚げる。かぼちゃもさっと素揚げする。
6 器に5を盛り合わせ、しょうがとしょうゆを添える。　（石澤）

119kcal　塩分1.8g

お好み焼き風の味つけは、おやつやビールの友にも

豆腐のお好み焼き風

材料（4人分）

木綿豆腐……1丁（300g）
小麦粉……適量
サラダ油……大さじ1
A 中濃ソース……大さじ4
A 水……大さじ4
A しょうゆ……小さじ2
青のり……適量
紅しょうが（粗く刻んだもの）……大さじ2

作り方

1 豆腐はペーパータオルに包み、10〜15分おいて水きりする。食べやすい大きさに切り、小麦粉を薄くまぶす。
2 フライパンにサラダ油を熱し、1の豆腐の両面を弱めの中火でカリッと焼きつける。
3 Aを混ぜて回し入れ、フライパンを揺すりながらからめる。
4 器に盛り、青のりと紅しょうがをのせる。　（武蔵）

96kcal　塩分0.2g

とろみとごま油の隠し味で満足感アップ

小松菜の豆腐あんかけ

材料（4人分）

木綿豆腐……⅔丁（200g）
小松菜……1把（250g）
桜えび（乾燥）……10g
ごま油……大さじ1
塩……適量
サラダ油……大さじ½
酒……大さじ1
A ┌片栗粉……小さじ1
　 └水……小さじ2

作り方

1 小松菜は根元を落とし、4cm長さに切って茎と葉に分ける。桜えびはみじん切りにし、豆腐はざるに上げて軽く水けをきる。
2 フライパンにごま油、塩少々を入れて火にかける。1の小松菜の茎を入れて強火で炒め、しんなりしてきたら葉も加えて炒め合わせ、器に盛る。
3 フライパンにサラダ油を熱し、1の桜えびを炒め、豆腐を加え、つぶしながら炒める。水½カップ、酒、塩少々を入れ、Aの水溶き片栗粉を加えてとろみをつける。
4 2に3をかける。

（豊口）

194kcal　塩分0.7g

揚げたてのふんわりした歯ざわりを楽しみたい

豆腐のさつま揚げ風

材料（4人分）

木綿豆腐……大1丁（400g）
むきえび……100g
長いも……100g
グリンピース……35g
溶き卵……½個分
塩……小さじ⅓
小麦粉……適量
揚げ油……適量

作り方

1 豆腐はふきんなどで包み、電子レンジ（500W）で1分半〜2分加熱して、しっかり水きりをする。
2 グリンピースは熱湯でゆで、長いもは皮をむいて、すりおろす。えびは背わたを取り、小さめのぶつ切りにする。
3 すり鉢で1の豆腐がなめらかになるまですり、2の長いも、溶き卵、塩を加え、さらにすり混ぜる。
4 3に2のグリンピースとえびを加え、さっと混ぜて、小判形に成形し、小麦粉をまぶす。
5 揚げ油を170℃に熱し、4を軽く揚げ色がつくまで揚げる。

（瀬戸口）

43kcal　塩分0.7g

さっと炒めて、こくを出します

絹さやのおかか煮

材料(4人分)

絹さやえんどう……200g
削り節……適量
ごま油……小さじ2
A
- 酒……大さじ1
- しょうゆ……大さじ1
- 砂糖……小さじ$\frac{1}{2}$
- 水……$\frac{1}{2}$カップ

作り方

1 絹さやは筋を取る。鍋にごま油を中火で熱し、絹さやをさっと炒める。

2 Aを加えて削り節大さじ3をちらし、ふたをして弱めの中火にし、途中で混ぜながら8分煮る。絹さやがやわらかくなり、煮汁が少し残るくらいで火を止める。器に盛り、削り節適量をちらす。

(高井)

104kcal　塩分1.0g

煮干しと一緒に煮てうまみをプラス

かぼちゃの甘煮

材料(4人分)

かぼちゃ……$\frac{1}{5}$個(250g)
煮干し……10尾
A
- 砂糖……大さじ2
- みりん……大さじ2
- 塩……小さじ$\frac{1}{3}$
- だし汁……1カップ

しょうゆ……小さじ1

作り方

1 かぼちゃは種とわたを除き、一口大に切ってところどころ皮をむく。煮干しは頭と内臓を取り除く。

2 鍋にかぼちゃを皮を下にして並べ、Aと煮干しを加えて中火にかける。煮たったらあくを取り、落としぶたをして中火で10分煮る。

3 泡が大きくなり、煮汁が少なくなったら落としぶたを外し、しょうゆを加える。さっと煮て火を止める。

(高井)

93kcal　塩分0.9g

油で炒めてから煮るのがこくを出すコツ

新じゃがの煮っころがし

材料（4人分）

新じゃがいも
……小10～12個（250 ～300g）
サラダ油……大さじ1
A
┌砂糖……大さじ1½
│しょうゆ……大さじ1
└だし汁……1½カップ
みりん……小さじ1
塩……ひとつまみ

作り方

1 じゃがいもは皮つきのまま洗い、ざるに上げて乾かす。じゃがいもが大きければ、半分に切る。
2 鍋にサラダ油を中火で熱し、じゃがいもを炒める。油がなじんだら、Aを加え、落としぶたをして中火で10分煮る。
3 じゃがいもに竹串がスッと通るようになったら落としぶたを外し、強火にする。鍋を揺らしながら汁けが少し残るくらいまで煮る。みりんと塩を加え、さっと混ぜて火を止める。（高井）

Memo **そのままあら熱が取れるまでおくと、味がよくからみます。**

230kcal　塩分0.7g

豚肉のうまみが利いた、電子レンジで作る簡単レシピ

さつまいもと豚ばらの煮物

材料（4人分）

豚ばら薄切り肉……150g
さつまいも……⅔本（正味200g）
長ねぎ……1本（100g）
A
┌しょうゆ……大さじ1
│酒……大さじ1
└砂糖……大さじ1
七味唐辛子……少々

作り方

1 豚肉は食べやすく切り、Aをもみこんで10分おく。
2 さつまいもは3cm角に切り、ところどころ皮をむく。水に3～5分さらして水けをきる。長ねぎは斜めに切る。
3 耐熱ボウルに長ねぎを広げ、中央にさつまいもをのせる。そのまわりに1の豚肉をドーナッツ状にのせ、ふんわりラップをかけて電子レンジ（600W）で7分加熱する。
4 取り出してさつまいもをつぶさないように混ぜ、もう一度ラップをかけて2分加熱し、そのまま10分蒸らす。器に盛り、七味唐辛子をふる。（牧野）

55kcal 塩分1.3g

練りみそは作りやすい分量でストックを

ふろふき大根

材料（4人分）

大根（3㎝厚さの輪切り）
……8個
昆布……10㎝長さ1枚
米のとぎ汁……適量
A
- 白みそ……¼カップ
- 砂糖……小さじ½
- ゆずの搾り汁……小さじ½

B
- みそ……¼カップ
- しょうが（すりおろし）……小1かけ分（10g）
- 長ねぎ（みじん切り）……大さじ1

ゆずの皮（みじん切り）
……小さじ½

作り方

1 大根は皮をむき、盛りつけるときに上になる面を面取りし、裏に十字に隠し包丁を入れる。
2 鍋に1の大根を入れ、米のとぎ汁をかぶるくらいに注ぎ、ふたをして煮たったら弱火で15分ほど下ゆでする。
3 直径20㎝ほどの鍋に、昆布と水3カップを入れて煮たて、大根をさっと洗って昆布の上に並べ、落としぶた、鍋のふたをして弱火で25～30分、やわらかくなるまで煮る。
4 A、Bはそれぞれよく練り合わせて2種のみそを作る。
5 3の昆布を8等分の角切りにして器に敷き、大根を盛って、4のみそをそれぞれにかけ、Aの白みそにはゆず皮をちらす。（河野）

Memo **大根は米のとぎ汁で煮ると、特有の辛みや苦みなどがなくなり、甘みが増します。とぎ汁がないときは、湯に生米をひとつまみ入れて代用しましょう。**

67kcal 塩分1.0g

軽く冷めるまでおくと味がよくしみます

小松菜と油揚げの煮びたし

材料（4人分）

小松菜……1把（300～400g）
油揚げ……1枚
煮干し……7～8尾
A
- 水……1½カップ
- 薄口しょうゆ……大さじ1
- みりん……大さじ1
- 塩……少々

作り方

1 小松菜は4～5㎝長さに切る。油揚げは湯でさっと洗って1㎝幅に切る。煮干しは頭と内臓を取る。
2 鍋に小松菜と油揚げ、煮干しを入れ、Aを加える。
3 鍋のふたをして強火にかけて5分煮る。火を止めてふたをしたまま余熱でほどよく火を通し、軽く冷めるまでおく。
4 煮汁ごと、煮干しも一緒に器に盛る。（小林カ）

Memo **前の晩に作って一晩おき、朝に味のしみた冷たいものを食べるのもおいしい。小松菜以外に、ほかの青菜や白菜で作ってもよいでしょう。**

181kcal　塩分1.5g

具だくさんなので食べごたえ十分です

五目いり豆腐

材料（4人分）

- 木綿豆腐……大1丁（400g）
- 生しいたけ……4枚（60g）
- きくらげ（もどしたもの）……20g
- ごぼう……10cm（25g）
- にんじん……3cm（30g）
- さやいんげん……5本（40g）
- 卵……1個
- ごま油……大さじ2
- A
  - みりん……大さじ3
  - 薄口しょうゆ……大さじ2
  - 酒……大さじ1

作り方

1. 豆腐はペーパータオルに包み、重しをのせて30分おき、水きりする。
2. しいたけは軸を切って薄切りにする。きくらげはちぎる。ごぼうは皮をこそげ、ささがきにする。にんじんは皮をむいて短冊切りにする。いんげんは小口切りにする。
3. 鍋にごま油を入れて中火で熱し、2を炒める。油がなじんだら1の豆腐をくずし入れ、Aを加えて炒め煮にする。
4. 汁けがなくなったら、卵を溶きほぐして回し入れ、卵に火が通るまで炒め煮する。

（高井）

119kcal　塩分1.4g

うまみたっぷりの、ご飯によく合う煮物

なすとまいたけの油煮

材料（4人分）

- なす……6本（500g）
- まいたけ……1パック（100g）
- A
  - だし汁……2カップ
  - しょうゆ……大さじ2
  - みりん……大さじ2
  - サラダ油……大さじ2強

作り方

1. なすはへたを落として縦に半分に切り、皮目に斜め2mm間隔の切り目を入れて水にさらし、水けを拭く。
2. まいたけは粗くほぐす。
3. 鍋にAを入れて煮たて、なすの皮目を下にして並べ、クッキングシートなどで落としぶたをして弱めの中火で7分煮る。裏返し、まいたけをのせて同様に7分煮る。
4. 火を止め、そのままおいてあら熱を取り、味をなじませる。

（小林ま）

289kcal　塩分2.5g

相性のいい、なすと豚肉のおかず

焼きなすの甘酢だれ

材料（4人分）

なす……小8本（600～700g）
豚ばら薄切り肉……150g
玉ねぎ……½個
みょうが……2個
ごま油……適量

A
しょうゆ……大さじ4
みりん……大さじ4
酢……大さじ2
砂糖……小さじ1

作り方

1 なすはへたを除いて縦半分に切り、皮目に斜め格子に切り目を入れる。豚肉は、2㎝幅に切る。玉ねぎは、繊維に沿って薄切りにする。みょうがは2㎜幅の小口切りにし、冷水にさらし、ざるに上げて水けをよくきる。

2 フライパンにごま油大さじ1を熱し、1のなすを入れ、両面をこんがりと焼く。やわらかくなったら器に盛る。

3 2のフライパンをさっと拭き、ごま油小さじ1を熱し、豚肉を炒める。カリカリになったら、1の玉ねぎを加え、さらに炒める。玉ねぎがしんなりしたら、Aを入れてさっと炒め、軽く煮つめる。

4 3を2のなすにかけ、1のみょうがを盛る。（植松）

109kcal　塩分1.3g

下ゆでに電子レンジを使って簡単調理

焼き里いものおろしのせ

材料（4人分）

里いも……大4個（320g）
大根……⅓本（300g）
片栗粉……適量
サラダ油……大さじ1
しょうゆ……大さじ2
黒いりごま……小さじ1

作り方

1 里いもはきれいに洗い、耐熱容器に入れてラップをかけ、電子レンジ（600W）で10分加熱する。大根は皮をむき、すりおろす。

2 1の里いもは熱いうちに皮をむき、ラップに包んで丸く形を整える。

3 里いものラップを外し、全体に片栗粉をつける。フライパンにサラダ油を熱し、両面を焦げ目がつくまで焼いて、器に盛る。

4 1の大根おろしの水けをきり、しょうゆと混ぜ、3にこんもりとのせて、ごまをのせる。（福田）

94kcal　塩分1.7g

ちくわに隠し包丁を入れて、しっかり味つけ

ちくわとアスパラガスの照り焼き

材料（4人分）

ちくわ……4本（200g）
グリーンアスパラガス
……1把
サラダ油……大さじ1
A
┌砂糖……大さじ½
│酒……大さじ½
│しょうゆ……大さじ1½
└みりん……大さじ1
粉山椒……適量

作り方

1 ちくわは縦半分に切り、内側に斜めに切り込みを入れて、長ければ半分に切る。
2 アスパラガスは下のかたい部分の皮をむき、長さを3〜4等分に切る。
3 フライパンにサラダ油を熱し、1と2を入れて薄く色づくまで焼き、Aを加えて照りよく煮からめる。
4 器に盛り、粉山椒をふる。　（藤井）

26kcal　塩分1.2g

冬野菜をたっぷり楽しめるあったかサラダ

焼き大根の温サラダ

材料（4人分）

大根……⅓本（300g）
白菜（茎の部分）
……3枚分（150g）
A
┌ポン酢じょうゆ
│……大さじ2〜3
└ゆずこしょう……小さじ½
鶏がらスープの素（顆粒）
……小さじ2
ゆずの皮（そぎ切り）
……適量

作り方

1 Aを混ぜ合わせてソースを作る。
2 大根は皮をむいて1cm厚さの輪切りにし、白菜は縦に2〜3等分してから、7cm長さに切る。
3 鍋に水と2の大根を入れて火にかけ、スープの素を加えて15分ゆでる。火を止めてそのまま冷ます。
4 フライパンを熱し、2の白菜と汁けをきった3の大根を焼く。
5 器に盛り合わせ、1のソースをかけてゆずの皮をちらす。　（井澤）

26kcal　塩分0.8g

野菜につけた香ばしい焼き目が食欲をそそります

アスパラガスとにんじんの焼きびたし

材料（4人分）

グリーンアスパラガス
……6本（150g）
にんじん……1本（150g）
A
┌だし汁……½カップ
└しょうゆ……大さじ1½
削り節……適量

作り方

1 アスパラガスはかたい根元の皮をむき、にんじんは皮をむいて長めの乱切りにする。
2 バットにAを合わせておく。
3 焼き網で1のアスパラガスとにんじんをこんがり焼いて2に浸す。
4 味がしみたらアスパラガスは食べやすく切り、にんじんとともに器に盛り、削り節をかける。　（石澤）

ごま油の香りが利いて、食物繊維たっぷり

たけのことせりのしょうゆ炒め

191kcal　塩分1.4g

材料（4人分）

ゆでたたけのこ……120g
せり……2把
細ねぎ……20g
豚もも薄切り肉……120g
A しょうゆ……小さじ½
酒……小さじ1
片栗粉……小さじ1
塩……少々
こしょう……少々
サラダ油……大さじ2
赤唐辛子……1本
B しょうゆ……大さじ1⅔
砂糖……小さじ1
酢……小さじ½
ごま油……大さじ1

作り方

1 たけのこはせん切りにする。せりはゆでて水に取り、水けを絞って5cm長さに切る。細ねぎは5cm長さに切る。
2 豚肉は細切りにし、Aで下味をつける。
3 フライパンにサラダ油と半分にちぎった赤唐辛子を熱して2を炒め、たけのこ、せり、細ねぎの順に加えながら炒め、Bで調味する。仕上げにごま油を回しかけて器に盛る。（福田）

ごま油の香ばしさが後を引く

うどの丸ごときんぴら

110kcal　塩分2.1g

材料（4人分）

うど……300g
赤唐辛子……1〜2本
ごま油……大さじ2〜3
白いりごま……適量
A 酒……大さじ3
みりん……大さじ1½
しょうゆ……大さじ1½
薄口しょうゆ……大さじ1½

作り方

1 うどは3cm長さのせん切りにし、切った端から酢水（分量外）に放す。全部切り終えたら酢水を替えて、約5分つけ、ざるに上げて水けをきる。
2 赤唐辛子はぬるま湯につけてやわらかくし、へたと種を除き小口切りにする。
3 Aは混ぜ合わせる。
4 鍋にごま油を入れて中火で熱し、うどと赤唐辛子を炒め、全体に油が回ったら、3を加えて強火で炒め、手早くバットなどに広げ、あら熱を取る。
5 器に盛り、ごまを指でひねりながらふる。（清水）

Memo うどのきんぴらは、丸ごと使っても、料理で残った皮だけで作っても、どちらもおいしく食べられます。

94kcal　塩分0.5g

じゃがいもの歯ざわりを残すのがコツ

じゃがいもの梅きんぴら

材料（4人分）

じゃがいも……2個
梅干し……大1個（正味16g）
A 酒……大さじ1
A しょうゆ……小さじ⅔
A ごま油……小さじ2
サラダ油……適量
白いりごま……小さじ1

作り方

1 じゃがいもは皮をむいて5㎜角の棒状に切り、水に30分さらして、水けをきる。
2 梅干しは種を除き、包丁で細かくたたいてAと混ぜる。
3 フライパンにサラダ油を熱し、じゃがいもを入れて炒め、火が通ったら2を入れて炒め合わせる。
4 器に盛り、ごまをふる。（福田）

Memo 塩分の多い梅干しを使う場合は、しょうゆの量を控えましょう。甘みが足りないときは、酒の代わりに同量のみりんを使います。

107kcal　塩分0.7g

なすを焼きつけるように炒め、香ばしさを出します

鍋しぎ

材料（4人分）

なす……4～5本
ピーマン……3個
青じそ……5枚
ごま油……大さじ2
A 赤みそ、砂糖、酒……各大さじ1
A しょうゆ、ごま油……各小さじ½
粉山椒……少々

作り方

1 なすはへたを切り落として、縦半分に切ってから2㎝厚さの斜め切りにし、3%の塩水（分量外）に5分ほどつけて水けを拭く。
2 ピーマンは縦半分に切り、へたと種を取って横2㎝幅に切る。しそは縦半分にしてせん切りにする。
3 Aはよく混ぜ合わせておく。
4 フライパンを熱してごま油を回し入れ、なすを強火で焼きつけるように炒め、ピーマンを加えてひと炒めする。
5 野菜を鍋の片側に寄せて火を止め、あいたところに3を広げて入れ、鍋の熱で焼きつけるようにする。
6 再び強火にかけて、野菜にみそをからめるように炒め、しそを加えて手早く炒め合わせて、器に盛って粉山椒をふる。（小林カ）

53kcal　塩分0.7g

しょうゆは2回に分けて加えてしっかり味に

ピーマンとこんにゃくの雷炒め

材料(4人分)

ピーマン……3個(120g)
こんにゃく……1枚
赤唐辛子……2本
ごま油……大さじ1
A ┌みりん……小さじ1
　└しょうゆ……大さじ1
白すりごま……小さじ2

作り方

1 ピーマンは縦半分に切り、へたと種を除いて縦4つ割りにする。こんにゃくは下ゆでをして3〜4㎝角に切る。
2 赤唐辛子は手でちぎって種を出す。
3 フライパンにごま油、2を入れて熱し、1のこんにゃくを加えて弱火で1分炒めたら、Aのみりん、しょうゆの半量を入れて約40秒炒め、残りのしょうゆを加えてさらに炒め、味を含ませる。
4 1のピーマンを加え、中火でさっと炒めて器に盛り、ごまをふる。　(井澤)

181kcal　塩分2.0g

淡泊なもやしに、メンマのうまみがマッチ

もやしのひき肉炒め

材料(4人分)

もやし……2袋(500g)
豚ひき肉……200g
A ┌片栗粉……大さじ1
　└酒……大さじ2
サラダ油……大さじ1
にんにく……1かけ
メンマ(味つき)……120g
B ┌しょうゆ……小さじ1
　│塩……小さじ1
　└こしょう……少々

作り方

1 もやしはひげ根を取る。にんにくはみじん切りにする。ひき肉にAをふりかけ、箸で混ぜる。
2 フライパンにサラダ油を熱し、にんにくを炒めて、香りが立ったら1のひき肉を加え、パラパラに炒める。
3 メンマ、もやしを加えて強火で炒める。Bを順番に加えて手早く炒め、器に盛る。　(藤井)

75kcal　塩分1.0g

たらこの塩けがにんじんの甘さを引き立てます

にんじんのたらこ炒め

材料(4人分)

にんじん……小2本(300g)
たらこ……½腹(50g)
サラダ油……大さじ1
酒……大さじ½
しょうゆ……小さじ½
塩……少々

作り方

1 にんじんは皮をむき、スライサーで太めのせん切りにする。
2 たらこは薄皮に切り込みを入れて、中身を取り出す。
3 フライパンにサラダ油を熱し、中火でにんじんを炒める。しんなりしたらたらこを加えてほぐすように炒める。
4 たらこに火が通ったら、酒をふり、しょうゆ、塩を加えて炒め合わせる。
(大庭)

60kcal　塩分1.4g

葉も使って春の香りを満喫します

ふきとしらたきのきんぴら

材料（4人分）

ゆでたふき……3本（300g）
ふきの葉……1枚（50g）
しらたき……1袋（100g）
ごま油……大さじ1
赤唐辛子……1本
A ┌砂糖……大さじ1½
　 │酒……大さじ½
　 └しょうゆ……大さじ2

作り方

1 ふきは皮をむいて4㎝長さに切る。葉は塩少々（分量外）を入れた湯でゆで、1時間ほど水にさらしてからみじん切りにする。
2 しらたきは下ゆでして食べやすい長さに切る。
3 フライパンにごま油を熱し、半分にちぎった赤唐辛子を入れ、香りが出たら中火で1、2を炒め、Aで調味して器に盛る。　（福田）

45kcal　塩分0.8g

じゃこがたっぷりと食べられる一品

パプリカとじゃこの炒め物

材料（4人分）

パプリカ……1個（120g）
ちりめんじゃこ……20g
ごま油……小さじ2
しょうゆ……小さじ2
みりん……小さじ2
白いりごま……少々

作り方

1 パプリカは種とへたを除いて、横に細く切る。
2 フライパンにごま油を中火で熱し、パプリカとじゃこを炒める。しんなりとしたら、しょうゆ、みりんをふって汁けがなくなるまで炒め、ごまをふる。
（牧野）

90kcal　塩分0.7g

青じそはちぎると、より香りがたちます

長いもとしいたけの香り炒め

材料（4人分）

長いも……300g
生しいたけ……4枚
ごま油……大さじ1
A ┌鶏がらスープの素（顆粒）
　 │　……小さじ1½
　 │酒……大さじ2
　 │塩……少々
　 └こしょう……少々
青じそ……5～6枚

作り方

1 長いもは皮つきのままよく洗って1㎝厚さの半月切りにし、しいたけは石づきを切って4等分に切る。
2 フライパンにごま油を熱し、1の長いもをこんがり焼く。
3 しいたけを加えて炒め、Aを加えて水分をとばすようにしてさらに炒め、器に盛る。
4 上に青じそを手でちぎりながらふる。
（井澤）

236kcal　塩分0.6g

外葉や芯もむだなく食べ尽くしましょう

キャベツとじゃこのかき揚げ

材料（4人分）

キャベツ（外葉や芯などかたい部分も含め）……3〜4枚
ちりめんじゃこ……大さじ3（15g）
小麦粉……大さじ3
A
- 小麦粉……$\frac{2}{3}$カップ
- 片栗粉……大さじ2
- 冷水……$\frac{1}{2}$カップ

揚げ油……適量
B
- 塩……適量
- カレー粉……適量

作り方

1 キャベツは5㎜幅の食べやすい長さに切り、ボウルに入れてじゃこを混ぜ、小麦粉をふり混ぜる。
2 Aをさっくりと混ぜて1に加え、ざっと合わせる。
3 フライパンに揚げ油を2㎝深さに入れて180℃に熱し、2のたねをお玉に半分ぐらいずつ流し入れ、両面を3〜4分かけて揚げる。
4 油をきって器に盛り、Bを合わせたカレー塩を添え、熱いうちにふって食べる。

（枝元）

367kcal　塩分0.1g

揚げたてのホクホクがたまらないかき揚げ

じゃがいもと三つ葉のかき揚げ

材料（4人分）

じゃがいも……大2個（300g）
三つ葉……1把（80g）
桜えび（乾燥）……8g
小麦粉……大さじ1
A
- 小麦粉……$\frac{1}{2}$カップ
- 卵……1個
- 冷水……卵と合わせて$\frac{3}{4}$カップになる分量

揚げ油……適量
塩（好みで）……適量

作り方

1 じゃがいもは皮をむき拍子木切りに、三つ葉はざく切りにしてボウルに入れ、桜えびを加え、小麦粉をふり、全体にまぶす。
2 Aを粉が残るくらいにさっくりと混ぜて1に加える。
3 揚げ油を中温（170℃）に熱し、2を木べらなどですくって入れ、底が固まるまで2分ほど揚げる。ゆらゆらと浮いてきたら裏返してしっかり揚げ、再び返して20秒ほどおいてから引き上げる。油をきって器に盛り、好みで塩を添える。

（石澤）

Memo 衣にところどころ菜箸で穴をあけるとカリッと揚がります。

植物性たんぱく質がたっぷり

大豆のかき揚げ

材料（4人分）

ゆで大豆……2/3カップ
生しいたけ……2枚
にんじん……4cm
小松菜……2株
片栗粉……適量

A
- 卵水（卵1個＋水）……2/3カップ
- 小麦粉……2/3カップ

揚げ油……適量

B
- 抹茶（あれば）……適量
- 塩……適量

作り方

1 ゆで大豆はまな板に広げ、手のひらで押して、軽くつぶす。
2 しいたけは軸を切って薄切り、にんじんは薄い半月切りにし、小松菜は4cm長さに切る。それぞれ片栗粉をまぶす。
3 ボウルにAを入れてさっくりと混ぜ、1、2を加えて混ぜる。
4 揚げ油を165℃に熱し、3をスプーンですくって落とし入れ、からっと揚げる。
5 油をきって器に盛り、Bを混ぜ合わせた抹茶塩を添える。（神谷）

Memo **抹茶塩の代わりに、ふつうの塩でもかまいません。マヨネーズにゆで卵、しば漬け、玉ねぎ、パセリのみじん切りを混ぜたタルタルソースもおすすめです。**

青じその香りを楽しむ野菜天ぷら

なすの青じそ巻き揚げ

材料（4人分）

なす……3本
青じそ……12枚

A
- 小麦粉……大さじ2
- 水……大さじ2

片栗粉……適量
揚げ油……適量
ポン酢じょうゆ……大さじ4

作り方

1 なすはへたを切り落とし、縦4等分に切る。
2 Aを混ぜ合わせ、青じその表面につけて、1のなすに巻きつけ、全体に片栗粉をまぶす。
3 揚げ油を175～180℃に熱し、2のなすがやわらかくなって、衣がカリッとするまで2～3分揚げる。
4 3を器に盛り、ポン酢じょうゆを添える。（村田）

229kcal　塩分2.2g

揚げたてのあつあつにあんをからませて

揚げ出し豆腐

材料（4人分）

木綿豆腐……2丁
ししとうがらし……8本
A ┌酒……大さじ2
A │みりん……大さじ2
A │だし汁……1カップ
A └しょうゆ……$\frac{1}{4}$カップ
揚げ油……適量
B ┌片栗粉……大さじ1
B └水……大さじ2
練り辛子……適量

作り方

1 豆腐は1丁を4等分し、ペーパータオルに包み、数分おいて水けをきる。
2 ししとうは竹串で数か所穴をあける。
3 小鍋にAの酒とみりんを合わせて煮たて、だし汁を加え、煮たったらしょうゆを加えて火を止める。
4 揚げ油を高温（180℃）に熱し、ししとうを入れてさっと揚げる。続いて豆腐を入れ全体がきつね色になるまで揚げて油をきる。
5 3のあんを煮たて、Bの水溶き片栗粉を加え、とろみがつくまで混ぜながら煮る。
6 器に豆腐とししとうを盛り、5のあんをかけて辛子をのせる。

（河村）

147kcal　塩分1.4g

冷やして食べるといっそうおいしい

揚げなすの山かけ

材料（4人分）

なす……4本（320g）
長いも……200g（正味）
A ┌みりん……大さじ$1\frac{2}{3}$
A │だし汁……$\frac{1}{2}$カップ
A └しょうゆ……大さじ$1\frac{2}{3}$
揚げ油……適量
塩……小さじ$\frac{1}{4}$
わさび（すりおろし）……適量

作り方

1 鍋にAのみりんを入れて煮きり、だし汁としょうゆを入れてひと煮たちさせる。
2 なすはへたを取り、縦半分に切り、皮に斜めの切り目を入れる。
3 揚げ油を170℃に熱して、なすを皮目を下にして入れて揚げ、ペーパータオルに軽く挟んで油を取る。
4 1に3を入れ、ときどき上下を返し、冷めたら冷蔵庫で冷やす。
5 長いもは皮をむき、酢水（分量外）につけてあくを除き、すりおろして塩を混ぜる。
6 器に4を盛り、5をかけてわさびをのせる。

（清水）

揚げたてのもちもち感がたまりません

やまといもの磯辺揚げ

材料（4人分）

やまといも（いちょういも）……400g
青ねぎ……2〜3本
桜えび（乾燥）……10g
焼きのり（9×4㎝）……20枚
塩……ひとつまみ
揚げ油……適量

作り方

1 青ねぎは小口切りにする。桜えびはフライパンでからいりする。
2 やまといもは皮をむいてすりおろし、1、塩を加えて混ぜる。
3 のりに2をスプーン山盛り1杯分をのせ、くるりと巻く。
4 揚げ油を中温（170℃）に熱して3を入れ、返しながら3〜4分揚げ、器に盛る。（舘野）

のどごしのいい、なめこのとろみあん

やまといもの落とし揚げみぞれあん

材料（4人分）

やまといも（いちょういも）……300g（正味）
なめこ……$\frac{1}{2}$袋（50g）
大根おろし……約$\frac{2}{3}$カップ
揚げ油……適量

A
- だし汁……$1\frac{1}{2}$カップ
- しょうゆ……大さじ1
- みりん……大さじ2
- 塩……少々

しょうが（すりおろし）……1かけ分（15g）
細ねぎ（小口切り）……2本分

作り方

1 やまといもは皮をむいてすりおろし、箸で混ぜ、ふんわりさせる。
2 揚げ油を170℃に熱し、1を大きめの一口大にちぎって落とし、浮き上がって色づくまで揚げる。
3 なめこは水洗いする。大根おろしは軽く水けをきる。
4 鍋にAを合わせて火にかけ、煮たったら3としょうがを加えてひと煮し、火を止める。
5 器に2を盛り、4をかけて細ねぎをちらす。（河野）

じゃがいもを加えて歯ごたえを出します

ピーマンともやしのおひたし

材料（4人分）

ピーマン……5個（150g）
もやし……$\frac{2}{5}$袋（100g）
じゃがいも……小1個（100g）
削り節……1パック（5g）

A
- だし汁……$2\frac{1}{4}$カップ
- 薄口しょうゆ……大さじ$2\frac{2}{3}$
- 酒……大さじ2
- みりん……小さじ2

作り方

1 鍋にAを合わせ、ひと煮たちさせて削り節を加える。火を止め、そのまま10秒おいてこし、ボウルに入れて冷ます。
2 ピーマンは縦半分に切ってへたと種を取り、縦にせん切りにする。じゃがいもは皮をむいて4cm長さのせん切りにし、水でさっと洗う。もやしはひげ根を取る。
3 湯を沸かして、ピーマンともやしを20秒ゆで、湯から上げ（湯は残しておく）、水けをきる。
4 3の湯にじゃがいもを入れて1分ゆで、冷水に通して水けをきる。
5 1に3、4をひたして2時間おき、味をなじませる。　（高井）

昆布で挟んでうまみをしみこませます

アスパラガスの昆布締め

材料（4人分）

グリーンアスパラガス
　……2把（200g）
昆布……20cm長さを2枚
塩……小さじ1

作り方

1 昆布はかたく絞ったぬれぶきんで表面を拭く。
2 アスパラガスは下部のかたい皮をむき、熱湯で30秒ゆでて冷水に取る。
3 2の水けを拭いて塩をふり、昆布の上に並べ、上に昆布をのせて挟み、ラップできっちり包んで冷蔵庫で冷やして締める。
4 2時間ほどおいて味がしみたら、食べやすく切る。　（藤井）

22kcal　塩分0.4g

粘りのある食材を組み合わせて

あしたばのとろとろおひたし

材料（4人分）

あしたば……1把（200g）

A
- めかぶ……1パック（60g）
- しらす干し……大さじ1
- しょうゆ……小さじ1/2
- 練りわさび……小さじ1/4

作り方

1 あしたばは、塩少々（分量外）を加えた湯で色よくゆでて冷水に取り、水けを絞って2cm長さに切る。

2 ボウルに1のあしたばとAを合わせ、粘りを出すようによく混ぜる。

（堤）

27kcal　塩分0.4g

秋らしい取り合わせを楽しむ小鉢

菊花としめじと油揚げのおひたし

材料（4人分）

食用菊……1パック

しめじ……1/2パック（100g）

油揚げ……1/2枚

だし汁……1カップ

薄口しょうゆ……大さじ1/2

作り方

1 菊はがくを取ってほぐす。鍋に水と少量の酢（分量外）を入れて火にかけ、沸騰したら菊を入れ、さっとゆでて冷水に取り、水けを絞る。しめじは石づきを切ってほぐし、塩少々（分量外）を加えた湯でさっとゆでる。

2 油揚げは焼き網かオーブントースターで焼き色がつくまで焼き、短冊切りにする。

3 だし汁に薄口しょうゆを入れ、ひと煮たちさせ、冷ましてから菊、しめじ、油揚げを加えて和える。

（やまはた）

189kcal　塩分0.5g

枝豆の食感と干しぶどうの甘みがアクセント

さつまいもとおからのサラダ

材料（4〜6人分）

さつまいも……小1本（250g）
おから……80g
枝豆（さやつき）……100g
干しぶどう……30g
A
マヨネーズ……80g
だし汁……大さじ1
塩、こしょう……各少々

作り方

1 おからはフライパンでからいりし、ふわっとさせる。枝豆は塩少々（分量外）を入れた湯でゆで、さやから豆を取り出す。干しぶどうは水に浸してもどし、水けを拭く。
2 さつまいもは皮つきのまま20〜25分蒸す。あら熱を取り、小さめの角切りにする。
3 ボウルに1、2を合わせ、Aを加えて和える。（高井）

154kcal　塩分0.5g

揚げねぎの香ばしさがたまらない

里いもと長ねぎのサラダ

材料（4人分）

里いも……小8個（400g）
長ねぎ……½本（60g）
A
マヨネーズ……大さじ4
ゆずこしょう……小さじ⅓
薄口しょうゆ……小さじ⅓
貝割れ菜……適量
揚げ油……適量

作り方

1 長ねぎは小口切りにして、ひたひたの揚げ油でカリッと揚げ、油をきる。
2 里いもは皮をむいてやわらかくゆで、粗くつぶしながらAと和える。
3 器に2を盛り、1と、根を切り食べやすく切った貝割れ菜をのせて、混ぜながら食べる。（石澤）

112kcal　塩分1.6g

梅の酸味ならお酢の苦手な人にも大丈夫

ゆでキャベツの梅サラダ

材料（4人分）

キャベツ……6枚（300g）
春菊……½把（100g）
長ねぎ（白い部分）……½本（60g）
油揚げ……1枚
梅干し……1〜2個
A
- はちみつ……大さじ1
- しょうゆ……大さじ2〜2½
- 水……大さじ2〜2½

削り節……1パック（5g）
ごま油……大さじ1

作り方

1 キャベツは熱湯でさっとゆで、広げて冷ます。春菊も熱湯でゆでて水に取り、水けを絞る。それぞれ食べやすく切る。
2 長ねぎは3〜4㎝長さのごく細いせん切りにし、水にさらして水けをきって白髪ねぎにする。
3 油揚げは網でカリッと焼いて細切りにする。
4 梅干しは種を除いてたたく。ボウルに入れAを加えて混ぜる。
5 削り節はからいりして冷まし、細かくもみほぐして4に混ぜ、ごま油を加えて混ぜる。
6 器に1、3を盛りつけ、2をのせ、5をかける。（小川）

Memo 梅干しの塩分、酸味で、Aの調味料の分量を加減します。

25kcal　塩分0.6g

シャキシャキとした歯ごたえが楽しい

せん切り大根の梅サラダ

材料（4人分）

大根……⅓本（400g）
梅干し……大1個
酢……大さじ3
砂糖……小さじ1
焼きのり（全型）……¼枚

作り方

1 大根は皮をむき縦に4㎝長さのせん切りにする。
2 梅干しは種を除き、包丁で軽くたたく。大きめのボウルに梅干し、酢、砂糖を合わせて混ぜる。
3 2に大根を加えて和え、器に盛る。のりを細かくもんでちらす。
（高井）

119kcal　塩分1.2g

2種類の野菜で作るシンプルな白和え

にんじんとブロッコリーの白和え

材料（4〜6人分）

木綿豆腐……大1丁（400g）
にんじん……2/3本（120g）
ブロッコリー……1個（250g）
A 砂糖……大さじ1
A しょうゆ……小さじ2
A だし汁……1カップ
白いりごま……大さじ4
砂糖……大さじ2
塩……小さじ1
だし汁……大さじ2〜3

作り方

1 豆腐はペーパータオルで包み、重しをのせて40分おき、しっかりと水けをきる。
2 にんじんは皮をむき、3cm長さの細切りにする。ブロッコリーは小房に分けて熱湯でゆでる。
3 鍋にAを合わせてにんじんを煮、やわらかくなったらブロッコリーを加えてさっと煮、ざるに上げて冷ます。
4 すり鉢にごまを入れて八分ずりにし、1の豆腐を加えてなめらかになるまで混ぜる。砂糖と塩を加え、かたければだし汁を加えて混ぜる。3を入れて和え、器に盛る。（高井）

26kcal　塩分0.6g

とろりとした食感で食べやすい

えのきとわかめのおろし和え

材料（4人分）

わかめ（塩蔵）……20g
えのきたけ……1袋（100g）
A 酒……大さじ1
A 塩……少々
大根……1/5本（250g）
B 酢……大さじ1 1/2
B しょうゆ（あれば薄口）……小さじ1
B 砂糖……小さじ1/2
桜えび（乾燥）……5g

作り方

1 わかめはたっぷりの水につけてもどす。2〜3cm幅に切り、水けを絞る。
2 えのきたけは根元を切り落とし、長さを3等分に切る。鍋に入れてAをふり、ふたをして弱火で3分蒸し煮にし、ざるに上げる。
3 大根は皮をむき、すりおろして万能こし器などに入れ、自然に水けをきる。
4 ボウルにBと大根おろしを合わせて混ぜる。1、2、桜えびを加えて和え、器に盛る。（高井）

長いもは食感が残るよう、粗くたたいて

ブロッコリーと長いものしらす和え

材料（4人分）

ブロッコリー……小1個（200g）
長いも……10cm（200g）
しらす干し……30g
A ┌しょうゆ……小さじ2
　 └みりん……小さじ1

作り方

1 ブロッコリーは小房に分けて、塩少々（分量外）を入れた湯でゆで、ざるに上げる。大きければ粗く刻む。
2 長いもは4～5cm長さに切り、皮をむく。縦半分に切って、酢少々（分量外）を入れた水に10分さらす。水洗いして水けを拭き、ポリ袋に入れる。袋の口を開けたまま、すりこ木で粗くたたきつぶす。
3 ボウルに1、2、しらす干しを入れ、Aを加えて和え、器に盛る。好みでしょうゆ少々（分量外）をかけてもよい。　（田口）

それぞれに下味をつけて和えるのがポイント

わけぎとまぐろのぬた

材料（4人分）

わけぎ……1把
まぐろ（ぶつ切り）……300g
しょうゆ……小さじ1
酢……小さじ½

A ┌みそ……大さじ3
　 │砂糖……小さじ1
　 │みりん……大さじ1
　 │酢……大さじ1
　 └練り辛子……小さじ½～1

作り方

1 わけぎは鍋に入る長さに切り、たっぷりの熱湯に根元から入れ、ほどよいかたさにゆでたら、ざるに取って広げて冷ます。
2 わけぎを3cm長さに切り、しょうゆを全体にふって下味をつける。
3 まぐろはペーパータオルで拭いて余分な水けを取り、酢をまぶして下味をつける。
4 ボウルにAの酢みその材料を入れてよく混ぜ合わせ、食べる直前にまぐろ、わけぎの順に入れて、ざっくりと和え、器に盛る。
（小林カ）

Memo わけぎは水に取ると空洞に水が入ってしまうので、ざるに取って冷まします。

ほうれん草は茎から入れてかためにゆでて

ほうれん草のごま和え

材料（4人分）

ほうれん草……1把（300g）
しょうゆ……大さじ½
A ┌白すりごま……大さじ4
　│砂糖……大さじ1½
　└しょうゆ……大さじ1
だし汁……適量

作り方

1 ほうれん草はたっぷりの熱湯で少しかためにゆでて水に取る。水けを軽く絞ってしょうゆをふりかけ、再び絞り、3〜4cm長さに切る。
2 ボウルにAを合わせ、だし汁でかたさを調節しながら和え衣を作り、ほうれん草を和える。（河野）

Memo ほうれん草は和える前にしょうゆをふって絞ると、緑がきれいになり、水っぽさがなくなります。

ごぼうはすりこ木などでたたくと、よく味がしみます

たたきごぼうのごま酢和え

材料（4人分）

ごぼう……2本（250g）
酢……大さじ1
A ┌白すりごま……大さじ5
　│砂糖……大さじ2
　│酢……大さじ2
　│しょうゆ……大さじ1
　│だし汁……小さじ2〜3
　└塩……少々

作り方

1 ごぼうはよく洗って、すりこ木でたたいて4〜5cm長さに切り、縦2〜4つ割りにして水にさらし、あく抜きする。
2 熱湯に酢を入れ、ごぼうをやわらかくゆでる。
3 ボウルにAを合わせ、よく混ぜて和え衣を作り、ごぼうの水けをきって和える。（河野）

ねばねばの食材は朝食にもおすすめ

めかぶと納豆の和え物

材料（4人分）

めかぶ……2パック（100g）
納豆（たれつき）……2パック
長いも……100g
練りわさび……少々

作り方

1 納豆は添付のたれを加えて混ぜる。長いもは皮をむき、包丁でたたいて細かくする。
2 1とめかぶを混ぜ合わせ、器に盛り、わさびをのせる。（牧野）

15kcal　塩分0.9g

食べる直前に和えるとおいしい

たたききゅうりのとろろ昆布和え

材料（4人分）

きゅうり……2本
とろろ昆布……適量
赤唐辛子……½本
しょうゆ……大さじ1

作り方

1 きゅうりは両端を切り落とし、すりこ木などでたたき割る。赤唐辛子は小口切りにする。
2 きゅうりをボウルに入れて、しょうゆを回し入れ、赤唐辛子を加えて冷蔵庫で10分冷やす。
3 食べる直前に、2に小さくちぎったとろろ昆布をからめ、器に盛る。（藤野）

56kcal　塩分1.0g

すりつぶしたそら豆の香りが引き立つ

蒸しなすのそら豆ずんだ和え

材料（4人分）

なす……4本（320g）
そら豆
　……6～7さや（正味100g）
A
　砂糖……大さじ1
　塩……少々
　薄口しょうゆ……小さじ1
　だし汁……大さじ1

作り方

1 なすはへたを取って半分の長さに切ってからくし形に切り、耐熱皿にのせてラップをかけ、電子レンジ（500W）で5分加熱し、冷ます。
2 そら豆はさやから出し、熱湯でやわらかくゆでて薄皮をむく。
3 すり鉢に2のそら豆を入れて粗めにすりつぶし、Aを加えて調味し、1のなすを和えて器に盛る。（福田）

119kcal　塩分0.8g

ゆで卵の黄身で作る和え衣が絶品！

カリフラワーの黄身酢和え

材料（4人分）

カリフラワー……1個（300g）
ゆで卵……3個
塩……少々
A
　酢……大さじ2
　砂糖……大さじ1
　白練りごま……大さじ1
　しょうゆ……大さじ½
　練り辛子……小さじ½

作り方

1 カリフラワーは食べやすく切り、熱湯で30～40秒ゆでる。ざるに上げて塩をふり、冷まして水分をとばす。
2 ゆで卵は殻をむき、黄身と白身に分ける。黄身はボウルに入れ、Aを加えてなめらかになるまで混ぜ、和え衣を作る。白身は粗く刻む。
3 2のボウルに卵の白身と1のカリフラワーを加えて和える。（高井）

夏バテ防止にもぴったりな定番の酢の物

うなきゅう

78kcal　塩分1.4g

材料(4人分)

きゅうり……3本
青じそ……10枚
A
- 水……3カップ
- 塩……大さじ1

うなぎのかば焼き(小)……1串
B
- 酢……大さじ2
- 砂糖……大さじ½

作り方

1 きゅうりは薄い小口切りにしてAの塩水に10〜15分つけ、軽く水けを絞る。青じそはせん切りにする。
2 うなぎは串を抜き、オーブントースターでさっと焼き、あら熱が取れたら7〜8mm幅に切る。
3 ボウルにBを入れて合わせ酢を作り、1のきゅうりを加えてよく和える。さらにうなぎを加えてさっと和え、器に盛って青じそをのせる。　(小林カ)

冷蔵庫に常備するとうれしい箸休めに

ピーマンとじゃこの酢びたし

18kcal　塩分0.5g

材料(4人分)

ピーマン……3個(120g)
みょうが……2個
ちりめんじゃこ……大さじ3
A
- だし汁……½カップ
- 酢……大さじ1
- しょうゆ……小さじ1

作り方

1 ピーマンは縦半分に切ってへたと種を取り、横5mm幅に切る。みょうがは縦に細切りにする。ともに塩少々(分量外)を入れた熱湯でさっとゆでてざるに上げ、水けをきる。
2 ボウルにAを合わせて1が熱いうちに入れ、じゃこも加えて混ぜる。30分ほど味をなじませてから器に盛る。　(井澤)

Memo 冷蔵庫で2〜3日保存できます。

じゃこの塩けと香ばしさがおいしいまとめ役

ゴーヤーのしょうが酢

72kcal　塩分1.3g

材料(4人分)

ゴーヤー……1本
玉ねぎ……1個
ちりめんじゃこ……20g
しょうが(みじん切り)……小1かけ分(10g)
サラダ油……大さじ1
A
- しょうゆ……大さじ1½
- 酢……大さじ1
- 水……大さじ1

作り方

1 ゴーヤーは縦半分に切って種とわたを除き、横に薄切りにする。玉ねぎは縦に薄切りにする。
2 鍋に湯を沸かし、塩少々(分量外)を入れてゴーヤーと玉ねぎを1分ほどゆでてざるに取り、水けをきる。
3 小さめのフライパンにサラダ油を熱し、しょうがを入れて炒め、じゃこも加えて炒める。カリカリになったらAを加えてひと煮して火を止める。
4 ボウルに2、3を入れて和える。(田口)

41kcal　塩分0.5g

ひじきをさっぱりと食べられる一品

ひじきとちくわの酢の物

材料（4人分）

ひじき（乾燥）……15g
ちくわ……1本
枝豆（さやつき）……100g
長ねぎ……5cm（10g）
A ┌酢……大さじ3
　│しょうゆ……大さじ½
　└砂糖……大さじ½

作り方

1 ひじきは洗って、たっぷりの水につけてもどす。水けをきり、熱湯でさっとゆでてざるに上げ、あら熱を取る。枝豆も、ゆでてさやから豆を外す。
2 ちくわはさっと湯通しして薄い小口切りにする。長ねぎはみじん切りにする。
3 ボウルにAを合わせて混ぜ、1、2を加えて和える。（高井）

58kcal　塩分0.4g

もずく酢だけで味つけするので超手軽！

オクラと長いもともずくの酢の物

材料（4人分）

オクラ……4本
長いも……300g
もずくの酢の物（市販）
　……2パック（100g）
しょうが（すりおろし）
　……小さじ⅓

作り方

1 オクラは塩少々（分量外）を入れた湯で色よくゆで、5mm厚さの小口切りにする。
2 長いもは皮をむき、ポリ袋などに入れ、すりこ木でたたいて砕く。
3 器に1、2、もずくの酢の物を盛り合わせ、しょうがをのせる。

（井澤）

59kcal　塩分0.3g

薄切りれんこんに、めかぶがほどよくからむ

れんこんとめかぶの酢の物

材料（4人分）

れんこん……150g
めかぶ
　……2パック（70〜80g）
A ┌みりん……大さじ2弱
　│砂糖……大さじ⅔
　│酢……大さじ3
　└しょうゆ……小さじ1

作り方

1 れんこんはピーラーで皮をむき、2〜3mm厚さのいちょう切りにして酢水（分量外）に放す。熱湯でさっとゆでてざるに上げ、水けをよくきる。
2 Aのみりんをラップをかけずに電子レンジ（600W）で20秒加熱し、ほかの調味料とボウルに入れて合わせる。
3 食べる直前に、1のれんこんとめかぶを2に入れて和え、器に盛る。

（武蔵）

125kcal　塩分1.6g

作りおきには味つけを少し濃いめに

うのはな

材料（6人分）

おから……200g
あさり（砂抜きしたもの）
……400g
にんじん……⅙本（30g）
ゆでたけのこ……⅓本（30g）
ごぼう……⅙本（30g）
生しいたけ……4枚（60g）
こんにゃく……⅛枚（30g）
長ねぎ……½本（50g）
油揚げ……½枚
溶き卵……1個分
ごま油……大さじ2
A しょうゆ（あれば薄口）……大さじ2
　砂糖……大さじ1
　酒……大さじ1

作り方

1 鍋にあさりと水2カップを入れて中火にかける。殻が開いたらボウルに重ねたざるにあけて、煮汁とあさりに分ける。あさりは殻から身を外す。
2 にんじんは皮をむき、たけのことともにせん切りにする。ごぼうは皮をこそげ、ささがきにして水にさらし、水けをきる。しいたけは石づきを切り、薄切りにする。こんにゃくは短冊切りにして下ゆでする。
3 長ねぎは小口切りにする。油揚げは熱湯を回しかけて油抜きし、せん切りにする。
4 鍋にごま油を中火で熱し、2を炒める。野菜が透きとおってきたらおからを加えてさっと炒め、1の煮汁を加えて煮る。
5 Aを加えて煮つめ、しゃもじで練りながら火を通す。煮汁がなくなってきたら、あさりと3を加えて混ぜる。長ねぎに火が通ったら、溶き卵を回し入れ、混ぜながら火を通す。（高井）

保存▶保存容器に入れ、冷蔵庫で3〜4日

412kcal　塩分8.3g（全量）

定番の常備菜に、こんにゃくをプラス

切り干し大根煮

材料（作りやすい分量）

切り干し大根……40g
こんにゃく……¼枚（70g）
にんじん……大¼本（50g）
油揚げ……1枚
桜えび（乾燥）……15g
だし汁……2½カップ
A 薄口しょうゆ……大さじ2
　砂糖……大さじ2
　みりん……大さじ½
　しょうゆ……大さじ½

作り方

1 ボウルに切り干し大根を入れ、熱湯をかけてほぐし、水けをきる。
2 にんじんは皮をむき、こんにゃくとともに2㎝長さの短冊切りにする。こんにゃくはさっと下ゆでする。油揚げは熱湯を回しかけて油抜きし、同様に切る。
3 鍋に1の切り干し大根、2、だし汁を加え、5分おいてから強火にかける。煮たったらあくを取り、Aを加え、落としぶたをして中火で12分煮る。
4 煮汁が少なくなったら桜えびを加え、からめながら煮汁がほぼなくなるまで煮る。（高井）

保存▶保存容器に入れ、冷蔵庫で3〜4日

55kcal　塩分1.0g

おせちの一品にもなる定番の煮物

手《た》綱《づな》こんにゃくとささごぼうの含め煮

材料（4人分）

こんにゃく……1枚（250g）
ごぼう……$\frac{2}{3}$本（150g）
赤唐辛子……1本
サラダ油……少々
だし汁……1カップ
砂糖……大さじ2
しょうゆ……大さじ1$\frac{1}{2}$ ～2

作り方

1 こんにゃくは6㎜厚さに切り、中心に切り目を入れ、片側を切り目にくぐらせてくるりと返し、平たい鍋に重ならないように並べ入れる。
2 1に落としぶたをして熱湯を注ぎ入れ、火にかけて煮たてたら、湯を捨てて、サラダ油で炒めておく。
3 ごぼうは皮をこそげて7～8㎜厚さの斜め切りにし、水につける。赤唐辛子は種を除いて小口切りにする。
4 2のこんにゃくの上に水けをきったごぼうをのせ、だし汁を加え、落としぶたをして火にかけ、煮たったら砂糖、赤唐辛子を加える。強めの中火で2～3分煮てしょうゆを加え、煮汁がなくなるまで弱火で煮る。　（清水）

保存▶保存容器に入れ、冷蔵庫で4～5日

1755kcal　塩分18.3g（全量）

まろやかさとつやは、はちみつの力

くるみこうなご

材料（作りやすい分量）

こうなご（乾燥）……150g
くるみ（生）……150g
A 砂糖……大さじ5
A みりん……$\frac{3}{4}$カップ
A 酒……$\frac{3}{4}$カップ
A しょうゆ……$\frac{1}{2}$カップ
はちみつ……大さじ1$\frac{1}{2}$

作り方

1 こうなごは15分ほど水につけて塩を抜き、水けをきる。
2 フライパンに1のこうなごを入れ、弱めの中火で10分ほどからいりして取り出す。くるみも同様に5～6分からいりする。
3 鍋にAを煮たて、2を入れて煮たったら、あくを除き、弱火でときどき混ぜながら煮る。汁が$\frac{1}{3}$量になったら、はちみつを加え、さらに汁が$\frac{1}{4}$量になるまで煮る。
4 最後に強火にしてさっと煮あげ、すぐにバットなどに移して、うちわで手早くあおいで冷ます。　（武蔵）

保存▶保存容器に入れ、冷蔵庫で1週間

146kcal　塩分0.7g

定番の一品は、隠し味のみそを忘れずに

かぼちゃのいとこ煮

材料（4人分）

かぼちゃ……大¼個（400g）
あずき（ゆでたもの。無糖）
……90g

A
- 酒……大さじ2
- みりん……大さじ1
- 砂糖……大さじ1
- しょうゆ……小さじ1
- だし汁……1¼カップ

みそ……小さじ2

作り方

1 かぼちゃは種とわたを除いて2〜3㎝角に切り、皮をところどころむく。
2 鍋にA、かぼちゃを入れ、強火にかける。落としぶたをし、煮たったら弱火で15分煮る。
3 あずきを加え、さっと混ぜてみそを煮汁で溶き入れる。弱火で汁けが少なくなるまで10分煮る。（牧野）

保存▶保存容器に入れ、冷蔵庫で3日

161kcal　塩分0.0g

レモンのほどよい酸味ですっきりと

さつまいものレモン煮

材料（4〜5人分）

さつまいも……1本（300g）
レモン（輪切り）……½個分

A
- 砂糖……100g
- 水……1½カップ

作り方

1 さつまいもは皮つきのまま食べやすく切って面取りし、水に10分さらして水けをきる。
2 鍋に1とかぶるくらいの水を入れてゆでる。竹串がスッと通るようになったらざるに上げ、水けをきる。
3 鍋にAを入れ中火にかけ、砂糖が溶けて煮たつ直前に2を加え、弱火で10分煮、火を止めレモンを加える。あら熱を取り、冷蔵庫で冷やす。（高井）

保存▶保存容器に入れ、冷蔵庫で3日

1620kcal　塩分1.3g（全量）

ほっくりと甘く煮た豆は箸休めにもぴったり

金時豆の甘煮

材料（作りやすい分量）

金時豆（乾燥）……300g
砂糖……160g
しょうゆ……大さじ½

作り方

1 金時豆は洗って水けをきり、厚手の鍋に入れる。5倍量の水（1.5ℓ）を加えて一晩浸しておく。
2 1の鍋を中火にかけ、煮たったらあくを取りながら、コトコトと煮たつ程度の火加減で1時間煮る。
3 豆がやわらかくなったら砂糖を5分おきに5回に分けて加え、さらに10分煮て、甘みを含ませる。しょうゆを加えてさっと煮る。（高井）

保存▶保存容器に入れ、冷蔵庫で3日

63kcal　塩分1.5g

たっぷり作ってご飯の友に！

さやいんげんのつくだ煮

材料（4人分）

さやいんげん……300g

A
- だし汁……¼カップ
- 酒……大さじ2
- みりん……大さじ2
- しょうゆ……大さじ2
- 砂糖……小さじ2

作り方

1 いんげんはへたを切り落とし、長さを半分に切る。

2 鍋にAを入れて煮たて、いんげんを入れ、落としぶたをしてやわらかくなるまで煮る。

3 落としぶたを取り、煮汁がなくなるまでいりつける。（石原）

保存▶保存容器に入れ、冷蔵庫で4〜5日

175kcal　塩分5.7g（全量）

梅干しの塩けとうまみを生かして煮る

切り昆布とにんじんの梅煮

材料（作りやすい分量）

切り昆布……1袋（35〜40g）

にんじん……½本（90g）

梅干し……1個

A
- みりん……大さじ2
- 酒……大さじ2
- しょうゆ……大さじ1½
- 砂糖……大さじ1
- だし汁……¾カップ

作り方

1 昆布は水につけてもどし、水けをきって食べやすく切る。にんじんは皮をむいてせん切りにする。梅干しは種を除いて包丁でたたく。

2 鍋にAを入れて煮たて、梅干し、にんじん、昆布を加え、落としぶたをする。煮たったら中火で5分煮る。（牧野）

保存▶保存容器に入れ、冷蔵庫で3日

406kcal　塩分12.4g（全量）

ご飯はもちろん、豆腐や生野菜に添えても

簡単南蛮みそ

材料（作りやすい分量）

ししとうがらし……100g

赤唐辛子……1本

A
- みそ……100g
- 砂糖……大さじ1½
- 酒……大さじ1½

サラダ油……大さじ1

作り方

1 ししとうはへたを取り、粗みじん切りにする。赤唐辛子は小口切りにする。

2 Aは混ぜ合わせる。

3 フライパンにサラダ油を熱し、1を入れて炒める。しんなりとしたら2を加えて混ぜる。（やまはた）

保存▶保存容器に入れ、冷蔵庫で1週間

36kcal　塩分0.8g

ミニサイズで作るから食べやすい

菊花かぶ

材料（4人分）

かぶ……4～5個
塩……小さじ½
A
- みりん……大さじ1
- 砂糖……大さじ½
- 塩……少々
- 酢……大さじ3

昆布（短冊切り）……5cm角1枚分
赤唐辛子（小口切り）……1本分

作り方

1 かぶはやや厚めに皮をむき、上下を切り落とし、両端を割り箸で挟んでまな板に置き、包丁が箸に当たるまで細かい格子状に切り込みを入れ、4等分する。ボウルに入れて塩をふる。
2 Aのみりんを電子レンジ（600W）で10秒加熱し、ほかの材料とともに別のボウルに合わせ、昆布と赤唐辛子を入れてしばらくおく。
3 1のかぶがしんなりしたら水けを絞って2に入れ、しばらくおいて味を軽くなじませる。（武蔵）

保存▶保存容器に入れ、冷蔵庫で4～5日

49kcal　塩分1.2g

ゆずの香りとはちみつの甘さがポイント

白菜のはちみつゆず風味

材料（4人分）

白菜……3枚（300g）
にんじん……⅓本（60g）
しょうが……小1かけ（10g）
塩……小さじ1弱
A
- はちみつ……大さじ2
- ゆずの搾り汁……大さじ1½
- 酢……大さじ½
- 塩……小さじ¼

作り方

1 白菜は横に5～6cm幅に切る。軸はさらに縦に1cm幅に切り、葉はざく切りにする。
2 にんじんは皮をむいて5cm長さのせん切りにする。しょうがも皮をむいてせん切りにする。
3 ボウルに白菜の軸とにんじんを入れ、塩をふって、もむ。白菜の葉も加えて混ぜ、15～20分おき、水けを絞る。
4 別のボウルにAを合わせて混ぜ、3としょうがを加えて和える。
（田口）

保存▶保存容器に入れ、冷蔵庫で3日

326kcal　塩分6.5g（全量）

歯ごたえと、ほどよい酸味を楽しんで

和風ピクルス

材料（作りやすい分量）

かぶ（葉を除く）……小2個（80g）
パプリカ（赤・黄）
……各1/3個（各40g）
セロリ（筋を除く）……1/2本（50g）
きゅうり……1本（100g）
かぼちゃ……大1/8個（100g）

A
- 酢……1カップ
- みりん、砂糖……各大さじ2
- 塩……小さじ1
- しょうゆ……小さじ1/2
- 昆布……3cm角1枚
- 赤唐辛子（種を取る）……1本

作り方

1 Aをひと煮たちさせてあら熱を取り、ファスナーつき保存袋に移す。
2 かぶは茎を1cm残し、放射状に4〜6等分に切り、洗って竹串で茎の間の泥を除く。パプリカ、セロリは一口大に切り、さっと湯通ししてざるに上げる。きゅうりは丸ごと湯通しし、水に落として冷まし、縦4等分に切り、種を除いて3cm長さに切る。かぼちゃは5mm厚さの一口大に切り、かためにゆでてざるに上げる。
3 2の野菜のあら熱が取れたら1の袋に入れ、できるだけ空気を抜いてバットなどに広げて冷蔵庫で冷やす。ときどき袋を返し、まんべんなくつける。数時間後から食べられる。（高井）

保存▶冷蔵庫で4〜5日

349kcal　塩分8.4g（全量）

たっぷり出回る、夏ならではの楽しみ

みょうがの甘酢漬け

材料（作りやすい分量）

みょうが……300g
塩……適量

A
- 酢……1カップ
- 酒……1カップ
- 砂糖……大さじ4
- 塩……小さじ1 2/3

作り方

1 みょうがは根元を切り落とし、たっぷりの熱湯でさっとゆで、ざるに広げて冷まし、塩を全体に薄くふりかける。
2 Aを煮たて、冷まして甘酢を作る。
3 みょうがは1個ずつふきんで水けを拭き取り、清潔な瓶に入れる。
4 2の甘酢を瓶の口いっぱいまで注ぎ、ふたをする。冷蔵庫で1日おけば食べられる。（伊藤）

保存▶冷蔵庫で1か月

59kcal　塩分1.6g

甘みのある冬大根と黄ゆずは名コンビ

ゆずと大根の甘酢

材料（4人分）

大根……小⅔本（500g）
ゆずの皮……½個分
塩……小さじ1½
A ┌酢……大さじ4
　│砂糖……大さじ3強
　└塩……2つまみ

作り方

1 大根は皮をむいて、4cm長さ、3mm厚さの短冊切りにし、塩をふって手でもみこみ、15分ほどおく。
2 ゆずの皮はせん切りにしてボウルにAと合わせておく。
3 大根の水けをしっかり絞り、2のボウルに加え、混ぜ合わせてしばらくおいて味をなじませる。（河野）

保存▶保存容器に入れ、冷蔵庫で2〜3日

92kcal　塩分1.5g

しらすのうまみとにんじんの甘さが調和

にんじんとしらすのマリネ

材料（4人分）

にんじん……1本（200g）
しらす干し……30g
塩……小さじ½
A ┌砂糖……小さじ1
　│塩……小さじ½強
　│酢……大さじ4
　│オリーブオイル……大さじ2
　└粗びき黒こしょう……適量

作り方

1 にんじんは皮をむき、斜め薄切りにしてから細めのせん切りにし、塩をふってしばらくおき、しんなりしてきたらもんで水けを絞る。
2 Aをボウルに入れて混ぜ、にんじんとしらす干しを加えて和え、味をよくなじませる。（武蔵）

保存▶保存容器に入れ、冷蔵庫で3日

96kcal　塩分1.4g

さくさくと食べやすい即席漬け

棒長いものわさびじょうゆ漬け

材料（4人分）

長いも……400g
昆布……5cm角1枚
A ┌しょうゆ……大さじ2
　│みりん……大さじ2
　│酢……大さじ1
　└練りわさび……少々
わさび（あれば。すりおろし）……少々

作り方

1 長いもは皮をむき、7〜8cm長さ、1cm角の棒状に切る。
2 Aをよく混ぜ合わせる。
3 ファスナーつき保存袋に1、2、昆布を入れて空気を抜き、冷蔵庫で半日以上つける。
4 あればわさびをのせて食べる。（舘野）

保存▶冷蔵庫で2〜3日

31kcal　塩分0.5g

ピーラーで削った野菜の表情が楽しい

ひらひら大根とにんじんの甘酢

材料（4人分）

大根……6〜7㎝（200g）
にんじん……½本（80g）
A
- 酢……大さじ3
- 砂糖……大さじ½
- しょうゆ……小さじ½
- ごま油……小さじ½

作り方

1 大根とにんじんは皮をむいてピーラーで薄く削り、ボウルに入れて塩少々（分量外）をまぶし、しんなりとしたら水けを絞る。
2 ボウルにAを混ぜ合わせ、大根とにんじんを入れて和える。（武蔵）

保存▶保存容器に入れ、冷蔵庫で4〜5日

14kcal　塩分1.0g

サラダ感覚で食べられる、彩りのよい漬け物

きゅうりの塩昆布茶漬け

材料（4人分）

ミニきゅうり……1パック（250g）
ラディッシュ……5個（50g）
みょうが……3個（50g）
レモン（輪切り）……4枚
A
- 塩……小さじ2
- 水……2カップ
- 昆布茶……小さじ½（2g）

作り方

1 きゅうりは皮を縞目にむき、ラディッシュは切り目を入れる。みょうがは縦半割りにする。
2 ボウルにAを混ぜ合わせ、1とレモンを入れてつける。
3 冷蔵庫で2時間以上つける。食べるときは水けをきる。（石澤）

保存▶保存容器に入れ、冷蔵庫で4〜5日

39kcal　塩分1.4g

野菜は大きめの乱切りで歯ざわりを残して

みょうがとオクラの甘酢漬け

材料（4人分）

みょうが……6個
オクラ……8本
きゅうり……2本
しょうが……1かけ（15g）
塩……適量
A
- 酢……½カップ
- だし汁……¼カップ
- 砂糖……大さじ4
- 塩……大さじ½

作り方

1 みょうがは縦半分に切り、きゅうりは一口大の乱切りにする。それぞれに塩少々をふり、4〜5分おく。
2 オクラは塩適量をふってもみこみ、水で洗い、塩少々を入れた熱湯でさっとゆでる。しょうがはせん切りにする。
3 ボウルにAを混ぜ合わせ、1、2を加えて混ぜ、皿などで重しをし、10〜15分おき、味をなじませる。（村田）

保存▶保存容器に入れ、冷蔵庫で3日

82kcal　塩分2.0g

春のみそ汁

絹さやの香りとみずみずしさを楽しんで

新じゃがと絹さやのみそ汁

材料(4人分)

新じゃがいも……2個
絹さやえんどう……12枚
玉ねぎ……½個
だし汁……4カップ
A ┌淡色みそ……40g
　└麦みそ……20g

作り方

1 じゃがいもはたわしでこすって皮をむき、半分に切ってから1㎝厚さに切る。
2 絹さやは筋を取り、玉ねぎは薄切りにする。
3 鍋にだし汁と1のじゃがいもを入れて中火にかけ、やわらかく煮る。
4 玉ねぎを加えて少し煮て、絹さやを加え、Aを溶き入れる。煮たつ直前に火を止める。(伊藤)

春のみそ汁

具のバリエーション

汁の分量は「新じゃがと絹さやのみそ汁」と同じ、だし汁4カップに対して合わせみそ60gです。
(具の内容がわかりやすいよう、写真は汁の量が少なくなっています)

43kcal
塩分2.2g

たけのことわかめ

ゆでたけのこ100gは薄切りに、生わかめ60gは水洗いして2〜3㎝長さに切る。温めただし汁に加え、煮たったらみそを溶き入れる。椀に盛り、木の芽各2枚を飾る。
(伊藤)

111kcal
塩分2.2g

にらと温泉卵

にら½把はゆでて3〜4㎝長さに切り、温泉卵各1個とともに等分して椀に盛る。だし汁を煮たててみそを溶き入れ、椀に注ぐ。
(伊藤)

57kcal
塩分2.0g

春キャベツと豆腐

春キャベツ2枚はざく切りに、木綿豆腐⅓丁は8等分に切る。温めただし汁に加え、煮たったらみそを溶き入れる。　(伊藤)

45kcal　塩分1.5g

夏のみそ汁

赤だしを冷やして、さわやかな味に仕上げます

トマトの冷たいみそ汁

材料（4人分）

トマト……2個
だし汁……3カップ
赤だしみそ……50g
青じそ（細切り）……8枚分

作り方

1 だし汁は冷蔵庫で冷やしておく。
2 トマトはへたを取って湯むきし、一口大のくし形に切る。
3 1のだし汁にみそを加えて、溶きのばす。
4 椀にトマトを入れて3を注ぎ、青じそをのせる。（伊藤）

Memo 具を煮る必要がないので、だし汁とみその量は少なめになっています。夏は赤みそで、さっぱりとキレのある味に仕上げましょう。

夏のみそ汁

具のバリエーション

汁の分量は、「トマトの冷たいみそ汁」と同じ、
だし汁3カップに対して赤だしみそ50gです。
（具の内容がわかりやすいよう、写真は汁の量が少なくなっています）

32kcal 塩分1.6g

もずくとみょうが

もずく120gは水洗いし、みょうが2個は薄切りにし、等分して椀に盛る。みそを冷たいだし汁で溶きのばし、かける。（伊藤）

45kcal 塩分1.5g

とうもろこしとオクラ、みょうが

ゆでて実をほぐしたとうもろこし1/3カップ、ゆでて3等分に切ったオクラ4本分、小口切りにしたみょうが2個分は等分して椀に盛る。みそを冷たいだし汁で溶きのばし、かける。（伊藤）

37kcal 塩分1.5g

とうがんとしょうが

とうがん150gは皮をむいて8等分にし、やわらかくゆでる。しょうが10gは皮をむき、せん切りにして水にさらす。それぞれ等分して椀に盛り、みそを冷たいだし汁で溶きのばし、かける。（伊藤）

127kcal　塩分2.0g

秋のみそ汁

魚のみそ汁には酒を加えてくさみ消しを

さけとじゃがいも、玉ねぎのみそ汁

材料（4人分）

生ざけ……2切れ
じゃがいも……1個
玉ねぎ……½個
だし汁……4カップ
酒……大さじ1
A ┌淡色みそ……20g
　 └麦みそ……40g
細ねぎ（小口切り）……4本分

作り方

1 さけは一口大に切り、熱湯に通して冷水に取り、洗う。
2 じゃがいもは皮をむいて8㎜厚さの半月切りに、玉ねぎは薄切りにする。
3 鍋にだし汁、酒、1、2を入れて中火にかけ、煮たったらあくを取り、じゃがいもがやわらかくなるまで煮る。
4 Aを溶き入れ、煮たつ直前に火を止め、細ねぎをちらす。（伊藤）

Memo **いも類やきのこ類が多い秋。かたい食材はだし汁で煮るか下ゆでを。春とは逆で麦みそ（田舎みそなど）の割合を増やし、淡色みそ（信州みそなど）を減らすとバランスがよくなります。**

秋のみそ汁

具のバリエーション

汁の分量は「さけとじゃがいも、玉ねぎのみそ汁」と同じ、だし汁4カップに対してみそ60gです。
（具の内容がわかりやすいよう、写真は汁の量が少なくなっています）

91kcal
塩分1.9g

豚肉と白菜

豚薄切り肉80gは3～4㎝長さに切り、白菜2枚は短冊切りにし、だし汁に入れて火にかける。煮たったらあくを取り、肉に火が通ったらみそを溶き入れる。（伊藤）

101kcal
塩分1.9g

さつまいもと細ねぎ

さつまいも200gは皮つきのまま1㎝厚さの輪切りにし、だし汁でやわらかく煮る。みそを溶き入れ、椀に盛り、2㎝長さに切った細ねぎ3本分を等分に添える。（伊藤）

53kcal
塩分1.9g

きのこと油揚げ

生しいたけ4枚は石づきを切り、薄切りに、えのきたけ½袋は根元を切って3等分に、油揚げ½枚は短冊切りにする。以上を温めただし汁に入れ、煮たったらみそを溶き入れる。椀に盛り、ざく切りにした三つ葉適量を等分に加える。（伊藤）

冬のみそ汁

ごぼうのうまみが甘めのみそとよく合います

根菜のみそ汁

材料（4人分）

かぶ……2個
ごぼう……60g
里いも……大1個
かぶの葉……2〜3本
だし汁……4カップ
白みそ……100g

作り方

1 かぶは皮をむいてくし形に切り、ごぼうは皮をこすり洗いしてささがきにし、水にさらす。里いもは皮をむいて5mm厚さの輪切りにする。
2 かぶの葉は2〜3cm長さに切る。
3 鍋にだし汁と1を入れて中火にかけ、煮たったらあくを取り、野菜が八分どおりやわらかくなるまで煮る。
4 かぶの葉を加え、みそを溶き入れ、煮たつ直前に火を止める。

（伊藤）

Memo 寒い冬には甘めの白みそを多めに合わせるか、白みそだけで作ると濃度が濃くなり味わい深くなります。体も温まり、おいしく感じるものです。好みで練り辛子を添えても。味が引き締まり、味わい深い余韻が残ります。

冬のみそ汁

具のバリエーション

汁の分量は「根菜のみそ汁」と同じ、
だし汁4カップに対して、白みそ100gです。
（具の内容がわかりやすいよう、写真は汁の量が少なくなっています）

焼き豆腐とえのきたけ

焼き豆腐½丁は一口大に切り、えのきたけ½袋は根元を切り、2等分にする。以上をだし汁で温め、煮たったらみそを溶き入れる。椀に盛り、2〜3cm長さに切ったせり3〜4本分を等分に加える。（伊藤）

里いもとちくわぶ

里いも小4個は皮をむいて5mm厚さの輪切りにし、だし汁でやわらかく煮る。1cm幅に切ったちくわぶ小⅓本を加え、再び煮たったらみそを溶き入れる。椀に盛り、ゆずの皮のそぎ切り適量を等分にのせる。

（伊藤）

小松菜とさつま揚げ

小松菜120gはゆでて3cm長さに切り、さつま揚げ1枚は熱湯をかけて油抜きし、薄切りにする。以上をだし汁で温め、煮たったらみそを溶き入れる。（伊藤）

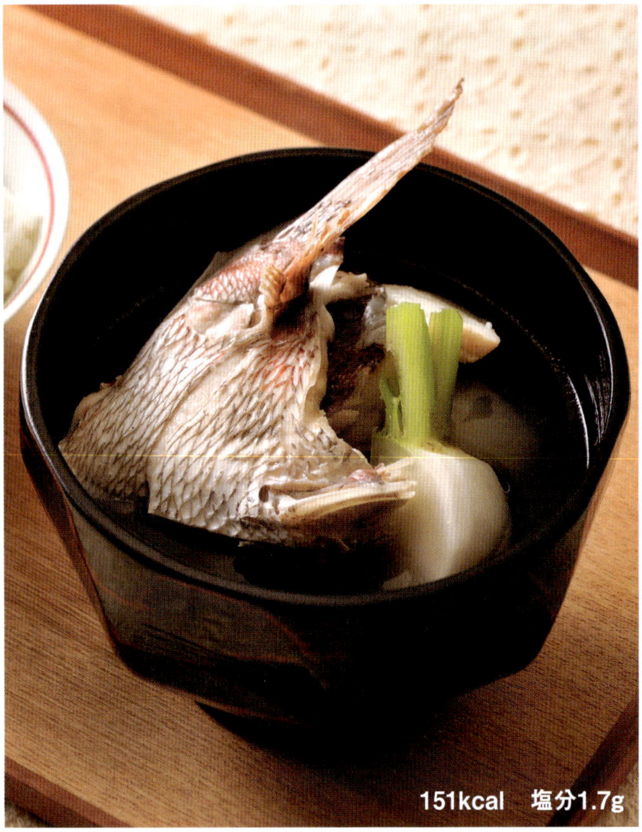

151kcal　塩分1.7g

白身魚のあらから上品なだしが出ます

たいのあら汁

材料（4人分）

たい（あら。ぶつ切り）
……1尾分（500～600g）
かぶ……3個（240g）
しょうが汁
……1かけ分（15g、好みで）

A
- 昆布……10cm角1枚
- 水……4カップ
- 酒……½カップ
- 塩……小さじ1

作り方

1 鍋にたっぷりの湯を沸かし、たいを入れてさっとゆで、冷水に取る。うろこ、血合いなどを取り除き、水けを拭く。
2 かぶは茎を2cmほど残して切り、茎の間の泥を洗い落とし、皮をむいて4つ割りにする。
3 鍋にAと1のたいを入れて中火にかけ、煮たったらあくを取り、ふたをずらしてのせ、3分ほど煮る。
4 かぶを加え、かぶがやわらかくなりすぎない程度に8分ほど煮て、塩少々で（分量外）味をととのえる。
5 器に盛り、好みでしょうが汁をふる。（今泉）

Memo **血合いが残っていると、スープにくさみが移るので、ていねいに取り除きます。**

40kcal　塩分1.4g

桃の節句にぜひ作りたい汁物

はまぐりと菜の花のすまし汁

材料（4人分）

はまぐり（砂抜きをしたもの）
……8個
菜の花……8本

A
- 昆布……5cm角1枚
- 酒……大さじ2
- 水……3½カップ

薄口しょうゆ……少々
粗びき黒こしょう……少々

作り方

1 はまぐりは、殻をたわしでこすって洗う。菜の花は茎のかたい部分を切って、塩少々（分量外）を加えた熱湯で色よくゆでる。
2 鍋にはまぐり、Aを入れて中火にかけ、沸騰寸前に昆布を取り出して、あくを取る。
3 はまぐりの口が開いたら、1～2分おいて取り出す。汁は鍋底の砂が入らないように静かに別の鍋に移し、火にかけて温め、薄口しょうゆで味をととのえる。
4 はまぐりは、開いた両方の殻に身をのせてお椀に盛る。菜の花を上にのせ、3の汁を注ぎ、こしょうをふる。（清水）

Memo **こしょうは「祝い粉」といって、お祝いの食膳に使われます。**

夏はゆるめに、冬は強めにとろみをつけて

かきたま汁

材料（4人分）

卵……2個
三つ葉……1把
だし汁……3½カップ
塩……小さじ⅔
薄口しょうゆ……小さじ1
A ┌片栗粉……小さじ1½
　└水……小さじ2

作り方

1 卵は溶きほぐす。三つ葉は2～3cm長さに切る。
2 鍋にだし汁を入れて中火で煮たて、塩と薄口しょうゆで味をととのえ、Aの水溶き片栗粉を溶き入れてとろみをつける。
3 煮たったら1の溶き卵を少しずつ流し入れ、1の三つ葉を加えてひと煮たちしたら、火を止め、椀に盛る。（伊藤）

たっぷりのせん切り野菜と豚肉で作るお吸い物

沢煮椀

材料（4人分）

豚ばら薄切り肉……80g
ごぼう……60g
うど（またはせり）……40g
にんじん……40g
ゆでたけのこ……40g
生しいたけ……3枚
三つ葉……¼把
だし汁……4カップ
塩……小さじ1
薄口しょうゆ……小さじ1
粗びき黒こしょう……適量

作り方

1 豚肉はごく細く切る。
2 ごぼうは皮をこすり洗いし、うどは皮をむき、それぞれ3～4cm長さのごく細いせん切りにして、水にさらす。にんじんは皮をむき、たけのこととともに3～4cm長さの細切りにする。しいたけは石づきを切って薄切りにし、三つ葉は3～4cm長さに切る。
3 鍋にだし汁、豚肉を入れて中火にかけ、煮たったら弱火にしてあくを取り、塩、薄口しょうゆで味をととのえ、2の野菜を加えてひと煮たちさせる。
4 椀に盛り、こしょうをふる。（伊藤）

脂ののった、旬のいわしで作りたい

いわしのつみれ汁

材料（4人分）

いわし……4尾（正味200g）
絹ごし豆腐……½丁
長ねぎ……½本
だし汁……4カップ
みそ……大さじ4

A
- みそ……大さじ1
- 酒……大さじ1
- しょうが汁……小さじ1
- 卵……1個
- 片栗粉……大さじ½
- 小麦粉……大さじ½
- パン粉……大さじ3

作り方

1 いわしはうろこと頭、内臓を取り除き、手開きにして中骨を取り除く（p.208参照）。粗く刻み、フードプロセッサーでなめらかにすりつぶし、Aも加えてすり混ぜる。一口大に丸め、中央にくぼみをつける。
2 鍋に湯を沸かして1を入れ、浮かんできたら取り出す。
3 豆腐は大きめの角切りに、長ねぎは1cm長さのぶつ切りにする。
4 鍋にだし汁を入れて中火にかけ、煮たつ直前に2のつみれを加え、3分ほど煮る。みそを溶かし入れ、3を加えてさっと煮る。

（きじま）

さっぱりした赤だしと香味野菜が夏に最適

豚肉とごぼう、みょうがの赤だし

材料（4人分）

豚こま切れ肉……80g
ごぼう（細いもの）……40〜50g
みょうが……1〜2個
サラダ油……大さじ1
だし汁……4½カップ
赤だしみそ……大さじ3〜4

作り方

1 豚肉は大きければ一口大に切る。
2 ごぼうはたわしでこすり洗いし、ささがきにして水でさっとすすぎ、ざるに上げる。
3 みょうがは小口切りにする。
4 鍋にサラダ油を中火で熱して1の豚肉を入れて炒め、色が変わったら2のごぼうを加える。油が回ったらだし汁を注ぎ、煮たったらあくを取ってふたをし、ごぼうに火が通るまで4〜5分煮る。
5 みそを溶き入れ、再び煮たったら火を止め、3のみょうがを加える。

（千葉）

Memo 赤だしみそは、一般的には米みそと八丁みそを合わせた調合みそのことをいいます。

167kcal　塩分1.7g

塩ざけで作る粕汁は、体が芯から温まります

塩ざけと大根の粕汁

材料（4人分）

塩ざけ（甘塩）……2切れ
大根……10cm
にんじん……6cm
長ねぎ……10cm
だし汁……4カップ
酒粕……80g
みそ……大さじ2〜3

作り方

1 さけは4つに切る。大根は皮をむいて5mm厚さのいちょう切りにし、にんじんは皮をむいて5mm厚さの半月切りにする。長ねぎは小口切りにして水にさらし、水けをきる。
2 鍋にたっぷりの湯を沸かして大根を入れ、2分ほどゆでてざるに上げる。続けてさけもさっとゆで、ざるに上げて水けをきる。
3 鍋にだし汁を入れ、酒粕をだし汁で溶いて加え、中火にかける。煮たったらさけ、大根、にんじんを加え、ふたをして大根がやわらかくなるまで10分ほど煮る。
4 3にみそを溶き入れ、煮たったら火を止める。器に盛り、1の長ねぎをのせる。 （今泉）

156kcal　塩分3.0g

ご飯にかけて食べてもおいしい、夏の味

冷や汁

材料（4人分）

あじの干物……2尾
赤みそ……70g
白すりごま……大さじ4
なす……1本
青じそ……8枚
みょうが……2個
ミニトマト……6個
きゅうり……1本
細ねぎ……4本
サラダ油……適量

作り方

1 あじは香ばしく焼き、頭、中骨、腹骨を取り除き、身をほぐす。
2 1のあじをすり鉢に入れ、赤みそ、ごまを加えてすり混ぜる。
3 アルミ箔に薄くサラダ油をぬり、2を1cm厚さにのばし、オーブントースターでこんがりと焼き色がつくまで焼く。
4 なすはへたを取って薄い半月切りに、青じそは細切りに、みょうがは縦半分に切って薄切りにし、それぞれ水にさらす。ミニトマトはへたを取ってくし形切りに、きゅうりと細ねぎは小口切りにする。
5 3のすり身をすり鉢に戻し入れて、水3〜$3\frac{1}{2}$カップを少しずつ加えて溶きのばす。やや濃いめの味にととのえ、氷を入れて冷たくしておく。
6 5の汁を器に取り分け、4を好みの量のせて食べる。 （伊藤）

ご飯・めん

305kcal　塩分1.3g

いつもの豆ご飯にじゃこのうまみをプラス

豆とじゃこの炊きこみご飯

材料（4人分）

米……2合
グリンピース……100g（正味）
ちりめんじゃこ
……大さじ3（15g）
塩……小さじ⅔
みりん……小さじ2

作り方

1. 米はといでざるに上げ、水けをきる。炊飯器に入れ、2合の目盛りまで水を入れて30分程度おく。
2. グリンピースはさっと洗う。
3. 1に塩、みりんを加えてさっと混ぜ、じゃこと2のグリンピースをのせてふつうに炊く。
4. 炊きあがったら、さっくりと混ぜ合わせて器に盛る。

（渡辺）

325kcal　塩分1.5g

もち米を入れて、濃口しょうゆで香ばしく

たけのこご飯

材料（4人分）

米……1合
もち米……1合
新ゆでたけのこ……200g
にんじん（みじん切り）
……5cm分
油揚げ（みじん切り）……1枚分
A 酒……大さじ1
A しょうゆ……大さじ1
A 塩……小さじ½
昆布……10cm長さ1枚

作り方

1. 米ともち米は混ぜて洗い、炊飯器に入れ、360mℓの水に30分ほど浸しておく。
2. たけのこは、やわらかい真ん中や穂先部分なら、2〜3mm厚さのいちょう切りに、下のかたい部分ならせん切りか粗めのみじん切りにする。切ったものをさっと水で洗い、水けをよくきる。
3. 1から水大さじ2を取り除く。Aを加えてひと混ぜし、水でさっと洗った昆布をのせる。たけのこ、にんじん、油揚げものせて表面を平らにし、ふつうに炊く。
4. 炊きあがったらよく蒸らして昆布を取り出し、底のほうから空気を入れるように混ぜ合わせ、器に盛る。

（小林カ）

春の山の幸の香りを炊きこみましょう

ふきの炊きこみご飯

材料（4人分）

米……2合
ふき……1本（100g）
ちりめんじゃこ……30g
わかめ（塩蔵）……20g
油揚げ……1枚

A
- だし汁……1½カップ
- みりん……大さじ1
- しょうゆ……大さじ1
- 砂糖……小さじ½

B
- 酒……大さじ2
- 塩……少々

作り方

1 米は炊く30分前に洗ってざるに上げ、水けをきる。
2 ふきは鍋に入る長さに切り、塩少々（分量外）をまぶして板ずりする。熱湯に入れてゆで、色が鮮やかになったら水に取り、皮をむいて水にさらしてあくを抜く。3～4mm幅の小口切りにする。
3 わかめは洗って水につけてもどし、ざく切りにする。油揚げは熱湯をかけて油抜きし、幅を2等分に切ってから7～8mm幅の短冊切りにする。
4 小鍋にAと2、3を入れて2～3分煮て、冷ます。具と煮汁に分け、煮汁は水と合わせて1¾カップにする。
5 炊飯器に1の米、4の煮汁、Bを加えてひと混ぜし、4の具とじゃこを広げてのせ、ふつうに炊く。炊きあがったら10分ほど蒸らし、さっくり混ぜ合わせて器に盛る。（樋口）

旬ならではの香りのよさを楽しんで

新しょうがご飯

材料（4人分）

米……2合

A
- 酒……大さじ2
- 塩……小さじ⅔

新しょうが……1かけ（30～40g）
油揚げ……1枚
昆布……5cm角1枚

作り方

1 米は炊く30分前に洗ってざるに上げ、水けをきる。炊飯器でふつうの水加減にして、Aを加える。
2 しょうがはよく洗って皮ごと4～5cm長さのせん切りや薄切りにする。油揚げは幅を2等分に切ってから細切りにする。
3 1に2を加え、昆布をのせてふつうに炊く。
4 炊きあがったら昆布を取り出し、全体をさっくりと混ぜ合わせ、器に盛る。（本谷）

Memo 小さめのおにぎりにして、お弁当やおもてなしにも。

461kcal　塩分2.5g

はまぐりを立てるように入れて炊くのがコツ

はまぐり飯

材料（4人分）

米……3合
はまぐり……8個
にんじん……½本（70g）
ごぼう……½本（80g）
生しいたけ……4枚
しょうが……1かけ（15g）
A 酒……大さじ1
　みりん……大さじ1
　しょうゆ……大さじ2
　塩……小さじ⅓
細ねぎ……5～6本

作り方

1 米はといでざるに上げ、水けをきる。
2 はまぐりは殻ごとこすり洗いし、3%の塩水（分量外）につけて砂出しをする。
3 にんじんは皮をむき、ごぼうは皮をこそげ、しいたけは石づきを切り、いずれも5mm角に切る。しょうがは皮をむき、せん切りにする。細ねぎは小口切りにする。
4 炊飯器に1の米とAを入れ、3合の目盛りまで水を入れて混ぜる。2のはまぐりを米に立てるように入れ、3のにんじん、ごぼう、しいたけ、しょうがを加えてふつうに炊く。
5 炊きあがったら、全体を混ぜ合わせて器に盛り、細ねぎをちらす。

（豊口）

323kcal　塩分1.4g

いくらのトッピングで華やかに

大根ご飯のいくらのせ

材料（4人分）

米……2合
大根……200g
大根の葉と茎
　……合わせて50g
いくら（塩漬け）……適量
A 酒……大さじ2
　しょうゆ……大さじ1
　塩……小さじ½
昆布……5cm角1枚

作り方

1 米は炊く30分前に洗って炊飯器に入れ、ふつうに水加減して浸水させる。
2 大根は皮をむき、1.5cm角に切る。茎と葉は細かく刻み、塩少々（分量外）を加えた熱湯で色よくゆでてざるに上げ、流水をかけて冷まし、水けをしっかり絞る。
3 1から大さじ3の水を取り除き、Aを加えて軽く混ぜ、昆布と大根をのせてふつうに炊く。
4 炊きあがったら、昆布を取り除き、2の葉と茎を加えてさっくりと混ぜ合わせる。器に盛っていくらをのせる。

（石原）

Memo トッピングは、いくらの代わりに明太子やしらすをのせるのもおすすめです。

320kcal　塩分1.2g

電子レンジで作るもちもちのお赤飯

簡単お赤飯

材料(4人分)

もち米……2合
あずき……40g
A 酒……大さじ1
A みりん……大さじ1
A 塩……小さじ¾
ごま塩……適量

作り方

1 もち米は炊く1時間前にといでざるに上げ、水けをきる。
2 あずきは洗って鍋に入れ、かぶるくらいの水を入れて強火にかける。煮たったら弱火にし、5分ほど煮る。ゆで汁を捨てて再び水3カップを入れて火にかけ、沸騰したら弱火にし、水約1カップを2〜3回に分けて差し水しながらゆでる。
3 ゆで汁にあずきの色が出たら、ボウルにのせたざるにあけ、あずきとゆで汁に分ける。熱いうちにゆで汁を玉じゃくしで3〜4回すくい上げ、空気に触れさせて色を出し、取っておく。
4 あずきは鍋に戻し入れ、水約2カップを加え、かためにゆで、水けをきる。
5 1のもち米と4のあずき、3のゆで汁1½カップ、Aを耐熱容器に入れて混ぜ、ラップをかけて電子レンジ(600W)で約13〜15分加熱する。途中でラップを外し2〜3回混ぜる。炊きあがったら軽く混ぜ合わせ、乾いたふきんをかけて約5分蒸らす。器に盛り、ごま塩をふる。　(清水)

385kcal　塩分1.4g

もち米とうるち米を半々で炊くから炊飯器でもOK

炊きおこわ

材料(4人分)

もち米……1合
米……1合
干ししいたけ……3枚
しいたけのもどし汁……1¾カップ
鶏こま切れ肉……100g
ゆでたけのこ……小1本(150g)
ごぼう……½本(100g)
にんじん……½本
A 薄口しょうゆ……大さじ1
A しょうゆ……大さじ1
A 酒……大さじ1
ごま油……少々
白いりごま……適量

作り方

1 もち米と米は一緒に洗い、ざるに上げ、水けをきる。
2 干ししいたけはぬるま湯でもどし、軸を切って薄切りにする。もどし汁は取っておく。
3 鶏肉はAにつけておく。
4 たけのこは食べやすい大きさの薄切りにする。ごぼうは皮をこそげ、小さめのささがきにし、水に放してすぐ引き上げ、水けをきる。にんじんは皮をむき、2㎝長さの細切りにする。
5 炊飯器に1の米を入れ、分量のしいたけのもどし汁を加える。3の鶏肉をつけ汁ごと加え、しいたけ、4の野菜類も加えて表面を平らにならし、すぐに炊く。
6 炊きあがったら十分に蒸らし、ごま油を回しかけ、全体をさっくりと混ぜ合わせる。器に盛ってごまをふる。　(小林カ)

Memo 干ししいたけのもどし汁が、味見をしておいしくない場合は、無理に使わずに水でかまいません。

386kcal　塩分1.3g

レモン果汁で味をまとめたさっぱり混ぜご飯

せりとほたての混ぜご飯

材料（4人分）

せり……2把（220g）
ほたて貝柱……12個
玉ねぎ……½個
酒……大さじ2
レモンの皮（せん切り）……少々

A
- レモン汁……大さじ4
- 酢……大さじ2
- 砂糖……大さじ3
- 塩……小さじ⅔
- こしょう……少々

温かいご飯……600g

作り方

1 混ぜ合わせたAをご飯に混ぜ、冷ます。
2 せりは根元を落としてさっとゆで、3cm長さに切って水けをよく絞る。ほたては半分に切る。玉ねぎはみじん切りにして水にさらし、水けをよくきる。
3 フライパンに2のほたてと酒を入れ、ふたをして弱めの中火にかける。3分ほど蒸し煮にし、火を止めてそのまま冷まし、汁けを軽くきる。
4 1のご飯に2のせり、玉ねぎ、3のほたてを加え、さっくりと混ぜ合わせる。器に盛り、レモンの皮をちらす。（大越）

311kcal　塩分0.9g

枝豆の緑とえびの赤の彩りがきれい

枝豆とえびの混ぜご飯

材料（4人分）

米……2合
枝豆……80g（正味）
えび（殻つき）……4尾

A
- だし汁……2カップ
- 塩……小さじ½

作り方

1 米はといでざるに上げ、水けをきる。枝豆は塩適量（分量外）を入れた湯でゆで、さやから取り出して薄皮を除く。
2 えびは殻をむき、背わたを除いて塩少々（分量外）を加えた湯でゆで、尾を切って2cm幅に切る。
3 米とAを炊飯器に入れ、ひと混ぜして炊く。
4 炊きあがったら枝豆とえびを加え、さっくりと混ぜ、器に盛る。（神谷）

Memo　Aの代わりに枝豆のゆで汁をふきんでこしたもの2カップと酒小さじ2で炊いてもおいしいです。

炊きたてのあつあつご飯に混ぜるのがポイント

揚げ里いもと青ねぎの混ぜご飯

材料（4〜6人分）

米……3合
里いも……4〜5個（300g）
青ねぎ……150g
酒……大さじ3
昆布……5㎝角1枚
片栗粉……適量
揚げ油……適量
塩……小さじ2
白いりごま……大さじ3

作り方

1 米は洗って少なめの水加減で浸水させ、直前に酒と昆布を加えて炊く。
2 里いもはよく洗って皮つきのまま、蒸気の上がった蒸し器に入れ、強火で蒸す。竹串がスッと通ったら皮をむいて冷ます。
3 青ねぎは小口切りにする。
4 2の里いもを食べやすく切り、片栗粉を薄くまぶして中温（170℃）の揚げ油で色よく揚げて油をきり、塩小さじ1をふる。
5 炊きたてのご飯に3、4、塩小さじ1、ごまを混ぜて器に盛る。

（小川）

たっぷり混ぜた細ねぎとしょうがが香る

カリカリじゃこのせ香味混ぜご飯

材料（4人分）

細ねぎ……4〜5本
しょうが……1かけ（15g）
ちりめんじゃこ……30g
サラダ油……大さじ2
白いりごま……大さじ2
A
酢……大さじ2
砂糖……大さじ½
しょうゆ……小さじ1
ごま油……小さじ½
温かいご飯（炊きたて）……2合分

作り方

1 細ねぎは根元を切って小口切りにし、しょうがは皮をむいてみじん切りにする。
2 フライパンにサラダ油を熱し、中火でじゃこをカリカリに炒め、ペーパータオルの上に取って油をきる。
3 ご飯によく混ぜ合わせたAを回しかけ、しゃもじで、切るように混ぜる。1とごまを加えて軽く混ぜ、器に盛って2のじゃこをのせる。

（武蔵）

家庭で手作りする牛丼は具だくさんに

牛丼

材料（4人分）

牛切り落とし肉……（300g）
しめじ……2袋
玉ねぎ……小2個
しょうが……小1かけ（10g）
サラダ油……大さじ1
酒……大さじ3
A ┌みりん……大さじ3
A │砂糖……大さじ2
A └しょうゆ……大さじ5〜6
紅しょうが……適量
温かいご飯……4杯分（700g）

作り方

1 しめじは石づきを切り落とし、ほぐす。玉ねぎは縦半分に切り、縦8㎜幅に切る。
2 しょうがは皮をむき、せん切りにする。
3 フライパンにサラダ油を熱し、中火で牛肉をほぐしながら炒め、色が変わったら1のしめじと玉ねぎ、2のしょうがを加えて炒め（写真a）、少ししんなりしたら酒をふる。
4 Aを加え（写真b）、煮たってきたらふたをして弱火で10分ほど煮る。
5 器にご飯を盛り、4を煮汁ごとかけて紅しょうがをのせる。

（大庭）

a
玉ねぎ、しめじを牛肉と炒め合わせ、肉のうまみを行き渡らせる。

b
炒めて水分をとばし、野菜のかさが減ってから調味する。

夏バテもふきとびそうな、スタミナどんぶり

枝豆とうなぎの卵とじ丼

材料（4人分）

枝豆（さやつき）……1袋（150g）
うなぎのかば焼き
……1串（120g）
卵……4個
ごぼう……½本（150g）
だし汁……½カップ
A
- 酒……大さじ3
- みりん……大さじ3
- しょうゆ……大さじ3
- 砂糖……小さじ2

温かいご飯……800g

作り方

1. 枝豆は塩適量（分量外）をふってもみ洗いし、熱湯でゆでて豆を取り出す。ごぼうは皮をこそげ、ささがきにして酢水（分量外）に5分さらし、水けをきる。
2. うなぎは串を抜き、横に2㎝幅に切り、卵は割りほぐす。
3. 鍋にだし汁とAを入れて煮たて、1のごぼうを入れ、ふたをして中火で5分ほど煮る。
4. 3にうなぎを加えてひと煮し、卵を流し、1の枝豆をちらして箸で軽く混ぜて1分火を通す。ふたをして火を止め、30秒〜1分蒸らし、卵を好みのかたさに仕上げる。
5. 器にご飯を盛り、4をのせる。

（石原）

彩りも味も違う三種をトッピングして

三色丼

材料（4人分）

いり卵
- 卵……4個
- 砂糖、酒……各小さじ4
- 塩、酢……各少々

鶏そぼろ
- 鶏ひき肉……200g
- 砂糖、しょうゆ……各大さじ2〜3
- 酒……大さじ4
- しょうが汁……少々

絹さやえんどう
……80〜100g
塩……適量
焼きのり（全型）……1枚
しょうがの梅酢漬け（細切り）
……適量
温かいご飯……4杯分

作り方

1. いり卵を作る。鍋に卵を割り入れて溶き、砂糖、酒、塩を入れて混ぜる。火にかけて菜箸4〜5本で混ぜながら半熟状にいり、酢を加えて混ぜ、やわらかめに仕上げる。
2. 鶏そぼろを作る。小鍋に材料をすべて入れ、菜箸4〜5本でよく混ぜて中火にかける。さらに混ぜながら肉に火を通し、煮汁をほどよく残す。
3. 絹さやは筋を取って斜め細切りにし、塩少々をまぶし、熱湯で色よくゆでて、ざるに上げ、塩少々をふり、あおいで冷ます。
4. のりは、もんでおく。
5. 器にご飯を盛り、もみのりを一面に広げ、半分に鶏そぼろを煮汁ごとのせる。もう半分にいり卵、中央に絹さやを彩りよくのせ、しょうがの梅酢漬けを添える。

（清水）

609kcal　塩分3.6g

あつあつのあんがご飯にしみておいしい

きのこのかき揚げおろしあんかけ丼

材料(4人分)

しめじ……100g
むきえび……200g
三つ葉……1把
大根……300g
A しょうゆ……大さじ5
A みりん……大さじ3
A 砂糖……大さじ1½
B 片栗粉……小さじ2
B 水……大さじ1½
C 小麦粉……大さじ3
C 片栗粉……大さじ2
揚げ油……適量
温かいご飯……4杯分

作り方

1 しめじは石づきを切り、ほぐす。三つ葉は食べやすく切る。
2 大根は皮をむいてすりおろし、ボウルにのせたざるに取る。汁に水を足して2カップにし、Aを加えて火にかけ、煮たったらBの水溶き片栗粉でとろみをつける。
3 ボウルにえびと1のしめじと三つ葉を入れ、Cを加えてからめ、冷水80mℓを注いでさっくり混ぜる。4等分し、中温（170℃）に熱した揚げ油で、2個ずつ2～3分揚げる。
4 器にご飯を盛り3をのせ、2の大根おろしを添え、温めた2のあんをかける。　（きじま）

336kcal　塩分2.1g

さっとゆでたいかで作る即席メニュー

いか丼

材料(4人分)

するめいか（刺し身用）……1ぱい
きゅうり（あられ切り）……1本分
紅しょうが……少々
A 酢……大さじ1
A 砂糖……小さじ1
A 塩……少々
B しょうゆ……大さじ2
B みりん……大さじ1
B オイスターソース……小さじ1
白いりごま……適量
温かいご飯……2合分

作り方

1 いかは胴から足とわたを抜き、軟骨を取って洗う。胴は薄い輪切りにし、足はわた、目、くちばし、足先を取り除いて吸盤のかたい部分をしごき取り、食べやすい大きさに切る。
2 鍋に湯を沸かし、酢、しょうゆ各少々（分量外）を加え、いかをさっと通して冷水に取り、Aをからめて下味をつける。
3 Bを耐熱皿に入れ、電子レンジ（600W）で1分加熱して煮つめ、たれを作る。
4 器にご飯を盛り、きゅうり、粗みじん切りにした紅しょうが、2のいかをのせ、3のたれをかけて、ごまをちらす。　（神谷）

Memo あられ切りは、一辺が5mmほどのさいころ状に切る切り方です。

344kcal　塩分1.4g

活きのいいあじをすし飯にのせて

あじの刺し身丼

材料（4人分）

米……2合
あじ（刺し身用）……2尾
みょうが……3個
細ねぎ……6〜7本
しょうが（すりおろし）……適量
しょうゆ……適量

A
- 酢……大さじ3
- 砂糖……大さじ2
- 塩……小さじ1弱

B
- 白いりごま……少々
- しょうゆ……大さじ1
- 酒……大さじ1

作り方

1 米は洗ってざるに上げ、30分ほどおいてから、やや少なめの水加減で炊く。
2 Aをよく混ぜ合わせて、すし酢を作り、炊きたてのご飯に加える。しゃもじで切るように混ぜ、人肌程度に冷まし、すし飯を作る。
3 あじは三枚おろしにして（p.209参照）腹骨はそぎ取り、小骨は骨抜きで抜く。皮をはいで、2〜3cm幅のそぎ切りにし、Bに10分ほどつける。
4 みょうがは縦半分に切ってから、さらに薄く切り、水にさらす。細ねぎは小口切りにする。
5 2のすし飯を器に盛り、3のあじをのせ、4のみょうが、細ねぎをちらして、しょうがをのせ、しょうゆを添える。

（伊藤）

389kcal　塩分1.0g

納豆に下味をつけて混ぜながら食べる

かつおと納豆丼

材料（4人分）

かつお（刺し身用）
……$\frac{1}{2}$さく（250g）
貝割れ菜……$\frac{1}{8}$パック
焼きのり（全型）……1枚
納豆……2パック

A
- しょうゆ……大さじ1
- 豆《トウ》板《バン》醬《ジャン》……小さじ1
- ごま油……小さじ1

温かいご飯……4杯分

作り方

1 かつおは1cm角に切る。
2 貝割れ菜は根を落とし、食べやすく切る。のりはもんでおく。
3 ボウルに納豆とAを入れてよく混ぜ、1のかつおを入れて和える。
4 器にご飯を盛り、もみのりを敷き、3をのせて貝割れ菜をのせる。

（福田）

511kcal　塩分2.4g

しょうがじょうゆが、めんと具のまとめ役

豚肉となすのうどん

材料（4人分）

うどん（乾めん）……400g
豚ばら薄切り肉……100g
なす……3本
みょうが……2個
サラダ油……大さじ1
だし汁……2 1/2カップ
A しょうゆ……1/4カップ
A 酒……1/4カップ
A みりん……1/4カップ
しょうが（すりおろし）……少々

作り方

1 豚肉は4cm長さに切る。なすはへたを取って長さを半分に切り、くし形に切る。
2 みょうがは斜め薄切りにする。
3 鍋にサラダ油を熱し、豚肉を入れて炒め、肉の色が変わったら、なすを入れてさっと炒める。
4 3の鍋にだし汁を入れ、沸騰したらあくを除き、Aを加える。なすに火が通ったら、みょうがを入れて火を止め、器に盛る。
5 うどんは表示どおりにゆで、冷水に取って水けをきる。
6 うどんを器に盛り、4の汁にしょうがをのせ、つけながら食べる。

（福田）

237kcal　塩分1.3g

食欲がおとろえがちな夏にぴったりの一品

きゅうりとごまの和えそば

材料（4人分）

そば（乾めん）……200g
きゅうり……2本
細ねぎ……適量
A めんつゆ……2/3カップ
A 黒いりごま（半ずり）……大さじ3
A わさび……少々

作り方

1 きゅうりは斜め薄切りにしてからせん切りにする。細ねぎは小口切りにする。
2 そばはたっぷりの熱湯で表示どおりにゆで、水洗いして水けをきる。
3 Aを合わせたたれに1のきゅうり、2のそばを入れて和える。器に盛り、細ねぎをのせる。

（藤野）

533kcal　塩分1.8g

ボリュームめんを、こくのあるごまだれで

ゆで鶏ときゅうりのレモンごまだれめん

材料（4人分）

冷やむぎ……4束
鶏もも肉……½枚
きゅうり……1本
紫玉ねぎ……¼個
ミニトマト……4個
酢、ごま油……各少々

A
- 白練りごま……50g
- しょうゆ……大さじ2
- レモン汁……1個分
- にんにく（すりおろし）……小さじ1
- こしょう……少々
- ごま油……大さじ1

作り方

1 小鍋に湯を沸かし、鶏肉を入れる。沸騰したら火を弱め、約5分煮て火を止めてふたをし、余熱で火を通す。
2 きゅうりはへたを除き、5㎝長さの斜め薄切りにしてからせん切りにする。玉ねぎは繊維に直角に薄切りにし、水にさらして水けをきる。ミニトマトはへたを除き、縦半分に切る。
3 ボウルにAと水大さじ4を入れ、よく混ぜて、たれを作る。
4 1の鶏肉の水けを拭き、1㎝幅に切る。
5 鍋に湯を沸かし、冷やむぎを入れて表示どおりにゆで、冷水に取ってよく洗い、水けをきって酢とごま油をからめる。
6 器にめんを盛り、野菜と鶏肉をのせ、3をかける。　（福田）

150kcal　塩分1.2g

冷蔵庫にある食材で手早く作れる

セロリとねぎの炒めそうめん

材料（4人分）

そうめん……4束（200g）
セロリ……1本（150g）
長ねぎ……1本（120g）
しょうが（薄切り）……2枚
桜えび（乾燥）……適量
サラダ油……大さじ1½

A
- 塩……小さじ⅓
- 昆布茶……小さじ⅓
- 湯……大さじ2

ごま油（あれば太白ごま油）……少々
こしょう……少々

作り方

1 セロリは筋を取って4㎝長さに切り、縦に細切りにし、葉は刻む。長ねぎも4㎝長さに切って縦に4等分する。しょうがはせん切りにする。
2 Aは混ぜ合わせておく。
3 沸騰した湯にそうめんを半分に折って入れ、10秒ゆでたら水に取ってすすぎ、水けをしっかりきってごま油をまぶす。
4 フライパンにサラダ油を中火で熱し、しょうが、セロリ、桜えびの順に入れて炒め、長ねぎとそうめん、セロリの葉を加えて炒める。2をふって全体に混ぜ、こしょうで調味して器に盛る。　（枝元）

464kcal　塩分2.0g

大阪の名物うどんをわが家の食卓で再現

牛ばらうどん

材料(4人分)

ゆでうどん……3玉
牛ばら薄切り肉……200g
玉ねぎ……1個
A 砂糖……大さじ2
A 酒……大さじ2
A しょうゆ……大さじ4
だし汁……4カップ
細ねぎ(小口切り)……適量

作り方

1 牛肉は食べやすい大きさに切り、玉ねぎは1cm幅のくし形に切る。
2 鍋にAを入れて煮たて、1を加えて中火にし、肉の色が変わるまで煮る。
3 別の鍋にだし汁を煮たて、うどんを入れる。再び煮たったら2を汁ごと加え、軽く煮こむ。器に入れ、細ねぎをのせる。　(やまはた)

307kcal　塩分2.1g

ねぎがたっぷり入った、体が芯から温まるうどん

炒めねぎうどん

材料(4人分)

ゆでうどん(細め)……4玉
長ねぎ……1½本
ごま油……大さじ1
A だし汁……6カップ
A しょうゆ……大さじ1½
A みりん……大さじ2
A 塩……小さじ1

作り方

1 長ねぎは縦半分に切ってから、斜め薄切りにする。
2 鍋にごま油を弱めの中火で熱し、長ねぎをしんなりするまで3分ほど炒め、Aを加えて煮たてる。
3 うどんを湯通しして器に入れ、あつあつの2を注ぐ。　(武蔵)

239kcal　塩分1.9g

うなぎと煮て、あっさりそうめんをごちそうに

うなぎの煮そうめん

材料(4人分)

そうめん……100g
うなぎのかば焼き……2串
三つ葉……2把
A うなぎのたれ(添付のもの)……2袋
A だし汁……1½カップ
A しょうゆ……大さじ1
A みりん……大さじ1
粉山椒……適量

作り方

1 うなぎは耐熱皿にのせてラップをかけ、電子レンジ(600W)で約1分加熱する。串を回して抜き取り、1切れを4等分する。
2 そうめんは熱湯でゆで、流水で洗う。三つ葉は4cm長さに切る。
3 鍋にAを合わせて1を入れ、弱火で3分煮て2を加え、さらに2分煮る。
4 器に盛り、粉山椒をふる。　(藤野)

Memo たれの味をみて、しょうゆとみりんの量は加減してください。

第三章 ごちそうメニューとおせち

ホームパーティーなど、人が集まる日は、
ちょっと豪華なごちそうを作りたいもの。
そんなときは、串揚げやお刺し身、鍋物、おすしなど
老若男女に人気の和食メニューがおすすめです。
普段の料理でも、たっぷり作って
大皿に盛りつければ、食卓がぐっと華やぎます。
お正月のおせち料理も合わせてご紹介します。

すき焼き

534kcal
塩分3.2g

すきやきといえばごちそう鍋の代名詞。
ここで紹介するのは
割り下を足しながら煮る関東風です。
牛肉はほんのり脂が溶けだして
色が変わった煮えばなを、
溶き卵にくぐらせていただきます。
関西風は鍋に牛脂を溶かしたら、
肉を焼き、砂糖としょうゆで味つけします。

材料（4〜6人分）

牛肉（すき焼き用）……400〜600g
牛脂……適量
長ねぎ……2本
生しいたけ……12枚
焼き豆腐……2丁
春菊……1把（200g）
白菜……¼個
しらたき……1袋（250g）
A
だし汁……½カップ
しょうゆ……½カップ
酒……大さじ3
みりん……大さじ2
砂糖……大さじ2
卵（好みで）……適量

溶き卵をからめて食べるとおいしい。

1 長ねぎは2cm幅の斜め切りにする。しいたけは石づきを切り落として傘に飾り包丁を入れる。焼き豆腐は厚みを2等分にし、2cm幅に切る。

2 **春菊は穂先のやわらかい部分と葉を摘む。**白菜は根元を切り、幅の広いものは縦2等分に切り、3cm幅に切る。

茎は煮ると筋っぽくなるので、炒め物などほかの料理に使う。

3 しらたきは食べやすい長さに切り、塩少々（分量外）でもんで洗う。鍋に入れてひたひたの水を加えて強火にかけ、煮たったら、火をやや弱めて5分ほどゆで、ざるに上げる。

4 ボウルにAを入れて混ぜ、砂糖を加えて溶かし、割り下を作る。

5 すき焼き鍋をよく熱し、牛脂を入れ、菜箸でこすりつけるようにして溶かし、弱火にして脂を行き渡らせる。

6 中火にして長ねぎを入れて両面を焼きつけ、香りを出す。

7 ねぎを端に寄せ、あいたところに牛肉2〜3枚を入れ、ほぐすようにして**焼きつける。**

焼きつけた肉の香ばしさが鍋全体のうまみにつながる。

8 肉の色が変わり、香りがたってきたら4の割り下を適量加え、煮たったら、白菜、しいたけ、焼き豆腐、しらたきの順に適量ずつ加える。火を弱め、春菊を加え、火を止めて食べる。残りも同様にして食べる。（大庭）

おでん

310kcal
塩分2.1g

よく味のしみた
あつあつおでんは
みんなに人気のメニュー。
練り物やゆで卵も
欠かせませんが
野菜を使った肉巻きや
巾着など
創作おでんも魅力的。
練り辛子と
ゆずこしょうを
添えてどうぞ。

材料（6～8人分）

- 大根（3cm厚さの輪切り）……8枚
- こんにゃく……1枚（350g）
- ゆで卵……8個
- 日高昆布……30cm長さ4本
- 油揚げ（長さを2等分に切り、袋状にはがし、熱湯にくぐらせ水けを絞る）……4枚分
- A
  - れんこん（5mmの角切り）……150g
  - 鶏ひき肉……200g
  - 長ねぎ（みじん切り）……大さじ2
  - しょうが汁……小さじ½
  - 酒……大さじ1
  - 塩……小さじ⅕
- かんぴょう……適量
- 練り物……16個
- 水菜……150g
- 豚もも薄切り肉……8枚
- 米……大さじ1
- だし汁……7～8カップ
- 練り辛子……適量
- ゆずこしょう……適量
- B
  - 酒……大さじ3
  - みりん……大さじ2
  - しょうゆ……大さじ2
  - 塩……小さじ1½

1 大根は厚めに皮をむき、面取りして、片面に厚さの½まで十字に切り込みを入れる。鍋に米とかぶるくらいの水とともに入れて中火にかけ、煮たったら、ふたをして弱火で30～40分下ゆでし、そのまま冷ます。

2 こんにゃくは2つに切り、厚さを2等分に切り、**両面に浅く格子の切り込みを入れて**三角形に切り、塩大さじ½（分量外）をふってもみ、水洗いしたら、弱めの中火で5分下ゆでする。

切り込みを入れると味のしみがよくなる。

3 ゆで卵は殻をむく。昆布は水に30分～1時間つけてもどす。縦2～3等分に切り、**1本にかたい結び目を2つ作り、切り離して結び昆布を作る。**

昆布は長いほうが結びやすいので、先に結んでから切る。

4 かんぴょうは水で洗い、塩少々（分量外）でもみ、水洗いする。ぬるま湯に10分浸してもどし、水けを絞る。ボウルにAを入れて混ぜ、8等分する。これを油揚げに詰めて、かんぴょうで結び、巾着にする。

5 練り物は熱湯でひと煮し、油抜きをして引き上げ、2つずつ竹串にさす。

6 水菜は根元を落とし、5cm長さに切る。まな板に豚肉を縦長に並べて、手前に水菜を置いて巻き、竹串をさす。

7 土鍋にだし汁を中火で煮たて、Bで調味する。

8 土鍋に1、2、3を入れ、再び煮たったら、ふたをして火を弱めて20分煮る。4、5を加えてさらに15分煮、6を加えて5～6分煮る。器に盛り、練り辛子、ゆずこしょうをつけて食べる。（大庭）

鶏の水炊き

だしの出る骨つきの鶏肉を使って
うまみたっぷりのスープに仕上げます。
シンプルな野菜が、鶏だしを吸って
後を引くおいしさです。
ポン酢じょうゆや薬味をかけて
さっぱりといただきましょう。
鍋のあとの雑炊も楽しみな一品。

220kcal
塩分2.6g

材料（6〜8人分）

鶏骨つきぶつ切り肉……1kg
にんじん……2本
しめじ……2パック
キャベツ……½〜1個
米……大さじ2

A
- 酒……½カップ
- しょうが（薄切り）……小1かけ分（10g）
- 赤唐辛子……1本
- 塩……小さじ½

大根……10cm
赤唐辛子……1本

B
- 柑橘（かぼす、すだち、ゆずなど）の搾り汁……½カップ
- しょうゆ……½カップ

C
- しょうが（すりおろし）……適量
- ゆずこしょう……適量
- 細ねぎ（小口切り）……適量

1

鶏肉は室温に戻して熱湯に入れ、5分ほどゆでる。

2

鶏肉を水に取り、**水でよく洗って**水けをきる。

雑味のない、澄んだスープに仕上げるため、汚れはていねいに取る。

3

ガーゼやさらしに米を入れて包み、たこ糸でゆったりと口を結び、土鍋に2の鶏肉、A、水10〜12カップとともに入れて中火にかける。

米を加えると、鶏のくさみが取れ、スープにとろみついてこくが出る。

4

煮たってきたら、浮いてきたあくを取り、火を弱めてふたをして30〜40分煮る。

5

もみじおろしを作る。大根は皮をむき、菜箸で穴を2つあける。へたを切り、種を除いて水に浸してやわらかくした赤唐辛子を菜箸で大根の穴に詰める。おろし金で平行にすりおろす。

6

Bを合わせてポン酢じょうゆを作る。にんじんは皮をむき、8mm厚さの輪切りにし、しめじは石づきを少し切り落としてほぐし、キャベツは5cm四方に切る。

7

4ににんじん、しめじを加えてふたをし、中火で10分煮たら、キャベツを加え、しんなりするまで煮る。器に盛り、6のポン酢じょうゆをかけ、5のもみじおろしやCの薬味をのせて食べる。

（大庭）

鍋のあとの雑炊

残りの汁にご飯を入れて煮たて、ご飯がふっくらしたら溶き卵を回し入れてふたをし、半熟状になったら細ねぎをちらします。好みでポン酢じょうゆをかけても。

牛肉のたたき

表面を焼きつけて
うまみを封じ込めた牛たたき。
野菜をたっぷり添えて
お刺し身感覚で楽しめるので、
大皿に盛ると食卓が華やぎます。
前日に仕込んでおけば
切るだけなので、手軽です。

234kcal
塩分0.7g

材料(4〜6人分)

- 牛かたまり肉(たたき用)……400g
- 塩、こしょう……各少々
- サラダ油……大さじ½
- きゅうり……2本
- みょうが……4個
- 長ねぎ……1本
- 青じそ……12枚
- しょうが(すりおろし)……適量
- わさび(すりおろし)……適量
- すだち(4つ割り)……2個分
- しょうゆ……適量

好みの薬味をたっぷり巻いて。

1

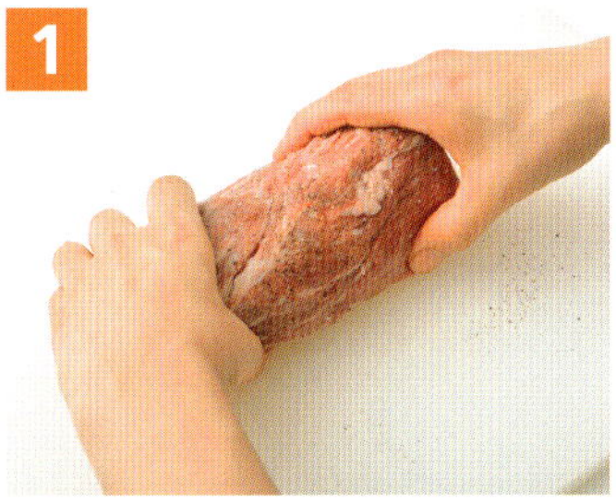

牛肉は焼く30分〜1時間前に冷蔵庫から出し、表面全体に塩、こしょうをふり、手でもみこむ。

2

フライパンにサラダ油を熱し、牛肉を入れる。**強火で表面に焦げ目をつける。**

表面を焼きつけると香ばしくなり、肉汁も逃げない。

3

ふたをして弱火で3分ほど蒸し焼きにする。

4

アルミ箔で形を整えながら巻く。バットにのせ、**あら熱が取れたら冷蔵庫で2時間〜一晩冷やす。**

ゆっくり冷やすことで、肉汁が落ち着く。

5

きゅうりは薄い小口切りにしてボウルに入れ、塩小さじ1(分量外)をふって混ぜ、10分ほどおく。しんなりしたら、洗って水けを絞る。

6

みょうがは縦半割りにし、切り口を下にしてさらに縦薄切りにして**冷水に3分ほどさらし**、ざるに上げて水けをきる。

みょうがは水にさらすとシャキッとして歯ごたえがよくなる。

7

長ねぎは縦半割りにして芯を除き、**切り口を下にして斜め薄切りにし**、冷水に3分さらして水けをきる。

長ねぎは斜め切りするほうが簡単に切れる。

8

4の牛肉をまな板に取り出して3〜4mm厚さに切り分ける。きゅうり、みょうが、長ねぎ、青じそとともに盛り合わせ、しょうが、わさび、すだちを添え、しょうゆをつけて食べる。　(大庭)

串揚げ

手に持って食べられる串揚げは
大勢の食卓に
ぴったりのメニュー。
いろいろな具材を準備すれば
楽しみが広がります。
ざく切りキャベツを添え、
お好みのソースを
たっぷりとつけてどうぞ。

664kcal
塩分1.6g

材料（6人分）

えび（殻つき）……大6尾
ほたて貝柱……大6個
青じそ……12枚
鶏ささ身……6本
みょうが（縦半割り）……6個分
豚ロース肉（とんかつ用）……2枚
グリーンアスパラガス（太め）……6本
豚もも薄切り肉……大6枚
長いも（太め）……8cm
焼きのり（全型）……1½枚
塩……適量
こしょう……適量
A 卵……1個
A 冷水……1¼カップ
A 小麦粉……1½カップ
パン粉……適量
揚げ油……適量
キャベツ……½個
すだち（4つ割り）……2個分
レモン（くし形切り）……1個分
タルタルソース
　ゆで卵（みじん切り）2個分
　マヨネーズ100g　玉ねぎ（みじん切りを水にさらして水けを絞ったもの）大さじ4　しょうゆ小さじ1　塩、こしょう各少々
ウスターソース……適量

1

えびは尾の1節を残して殻をむいて背わたを取り、塩、こしょう各少々をふって竹串を尾のほうから頭に向かって刺す。ほたては縦に2等分に切り、青じそを巻いて縦長に2個ずつ竹串で刺す。

2

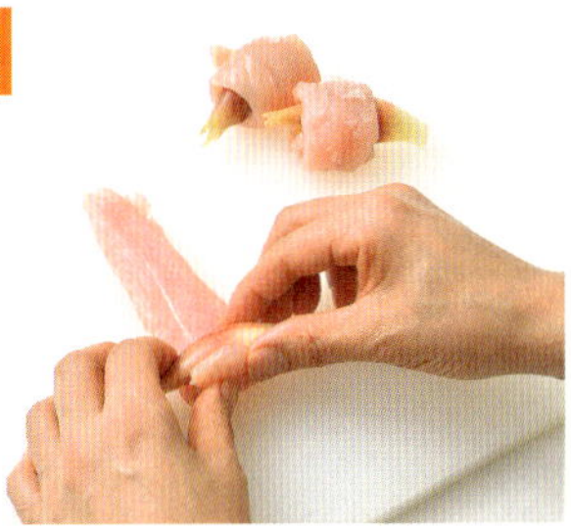

ささ身は厚みを半分に切り、両面に塩少々をふる。みょうがをのせて巻き、2個ずつ竹串でさす。豚ロース肉は2.5cm幅の棒状に切り、両面に塩、こしょう各少々をふって竹串で刺す。

3

アスパラガスは根元のかたい皮をピーラーでむき、両面に塩、こしょう各少々をふった豚薄切り肉を巻きつける。

4

長いもは皮をむいて縦6等分のくし形に切る。のりは1枚を4等分して6枚にし、長いもに巻き、竹串を縦に刺す。

5

6種類の串揚げの下ごしらえをしたら、ボウルにタルタルソースの材料を合わせて混ぜる。つけ合わせのキャベツは冷水で洗い、パリッとさせて水けをきり、手で食べやすくちぎる。

6

ボウルにAの卵を溶き、冷水を加えて泡立器で混ぜ、小麦粉を加えてダマにならないようによく混ぜる。**バットに入れ、5の串揚げの具材をつける。**

Aは混ぜたら、バットなど表面積の広い器に入れるとつけやすい。

7

次に、パン粉を手で軽く押さえながらまんべんなくつける。**アスパラガスは、根元を2cmほど残してパン粉をつける。**

アスパラガスは手で持ちやすいよう、パン粉をつけない部分を残す。

8

揚げ油を中温（170℃）に熱し、7を入れて2〜3分、色よくカリッと揚げ、油をきって器に盛る。すだち、レモン、5のキャベツを添え、好みのソースをつけて食べる。

（大庭）

刺し身の盛り合わせ

168kcal
塩分0.5g

切り方に変化をつけたり盛り方にひと工夫すると
味も見た目もぐっと本格的に。
ひと手間かけたものも加えると
おもてなし感が高まります。
けんやつま、辛みもたっぷりと添えましょう。

材料（4〜6人分）

たいの昆布締め
- たい（刺し身用。さく）……200g
- 塩……少々
- 昆布（約15cm長さ）……2枚

あじのたたき
- あじ……大2尾
- 長ねぎ……5cm

まぐろ赤身（刺し身用。さく）……150g

いか（刺し身用）……1ぱい分

ほたて貝柱（刺し身用）……8個

けん
- きゅうり……2本
- 大根……6cm

つま
- 青じそ……12枚
- 貝割れ菜……1パック
- 花穂じそ……8本
- 紅たで……少々
- 海藻ミックス（もどしたもの）……少々

辛み
- わさび（すりおろし）……適量
- しょうが（すりおろし）……適量

しょうゆ……適量

1

たいの昆布締めを作る。たいの両面に軽く塩をふる。ぬれぶきんで両面を拭いた昆布で挟み、ラップで包む。バットに入れて冷蔵庫で3時間〜一晩締める。昆布をはがして薄くそぎ切りにする。

2

あじのたたきを作る。あじは3枚におろし（p.209参照）、腹骨をそぎ取り、小骨を骨抜きで抜く。皮目を上にし、身を押さえながら、頭側から皮を引っぱってはがし、8mm幅に切る。

3

長ねぎは縦4等分にして端から薄切りにして2のあじに混ぜ、包丁で軽くたたいて粘りを出す。

4

まぐろは、**包丁の刃元をあて、手前に引いて刃先で切り終わるように**して1cm幅に切る。

切るたびに刃先を使って右のほうに送る。

5

いかは6〜7cm長さに切り、**包丁の刃先を使って**端から3〜4mm幅に細く切る。

包丁を立て、刃先で一気に切ると、きれいに切れる。

6

ほたては白い筋を取り、**縦4等分に切る。**

コロコロに切ると歯ごたえもよく、盛りつけても見栄えがよい。

7

けんのきゅうりは長さを4等分し、大根は皮をむき、それぞれ水でぬらした包丁で薄いかつらむきにして、丸く巻き、端から細く切り、冷水に3分ほどさらして水けをきる。つまの貝割れ菜は根元を切る。

8

器に大根、きゅうりをつまむようにして盛り、青じそを添え、**刺し身類を盛る。**いかは菜箸で2つ折りにする。ほかのつまも彩りよく盛り合わせ、わさび、しょうが、しょうゆを添える。（大庭）

ボリュームのある刺し身を後方に盛るとバランスがよい。

ごちそう茶碗蒸し

丸ごと1個のかぼちゃを
器にして蒸した茶碗蒸し。
ダイナミックな見た目に
歓声が上がることまちがいなし。
あつあつを果肉ごとすくって
食べるのはもちろん、
夏なら冷やしても喜ばれます。

202kcal
塩分0.9g

材料（6〜8人分）

かぼちゃ……1個（約1.6kg）
卵……4個
だし汁……2カップ
A ┌しょうゆ……少々
　└塩……小さじ⅔
むきえび……150g
B ┌酒……小さじ1
　└塩……少々
しめじ……1パック

冷やしてから切り分けてもおいしい。

1

かぼちゃは皮ごとよく洗い、水けを拭き、上部を切り落とす。**包丁で、身の厚い部分はそぎ取り**、種をスプーンでかき出して器を作る。

そいだ身は、スープなどに利用するとよい。

2

かぼちゃは底が平らになるように下の部分を少し切り、水を入れて大体の容量を確認する（必要に応じて卵液や具の量を調整する）。

3

蒸気の上がった蒸し器に入れ、**ふたをして強火で10分ほど蒸す。**

丸ごとのかぼちゃは火が通りにくいので、卵液を入れる前に蒸しておく。

4

かぼちゃを蒸している間に卵液を作る。だし汁にAを加えて混ぜる。ボウルに卵を割りほぐし、調味しただし汁を少しずつ加え、泡立てないように菜箸で混ぜる。

5

4の卵液を**万能こし器などでこす。**

卵液をこすと、口当たりがなめらかになる。

6

えびは背わたをのあるものは取り、水で洗う。水けを拭き、ボウルに入れてBをふる。しめじは石づきを切り、ほぐす。

7

かぼちゃが蒸しあがったら、いったん火を止め、内側の水けをペーパータオルで拭き取る。

8

6のえび、しめじを入れて5の卵液を注ぎ、蒸気の上がった蒸し器に入れ、ふたをして強めの中火で10分ほど蒸す。中火にしてさらに50〜60分蒸し、火を止めてそのまま10分ほどおく。

（大庭）

お好み冷ややっこ

よく冷やしたお豆腐に
食欲をそそる具をトッピングすれば、
いつもの冷ややっこが気の利いたオードブルに。

材料（6人分）

木綿豆腐……2丁
絹ごし豆腐……2丁
揚げじゃこ
- ちりめんじゃこ……30g
- 揚げ油……適量
- 青じそ（縦半分に切ったもの）……6枚分

長いも明太子
- 長いも……150g
- 辛子明太子……½腹
- 細ねぎ（3〜4cmに切ったもの）……1本分

だし風
- 昆布……4cm角1枚
- きゅうり……1本
- みょうが……2個
- 塩……小さじ½

ねぎ塩
- 長ねぎ……½本
- ごま油……大さじ1
- 塩……小さじ½
- こしょう……少々

1

揚げじゃこを作る。少なめの揚げ油を低温（160℃）に熱してじゃこを入れ、弱火でゆっくり、カリカリになるまで揚げて、取り出して冷ます。

2

長いも明太子を作る。長いもは皮をむいてスライサーで細めのせん切りにする。明太子は薄皮を取って中身を出し、長いもと混ぜる。

3

だし風を作る。昆布はひたひたの水に30分つけてもどし、きゅうり、みょうがとともに3mm角に切り、塩を加えて混ぜる。

4

ねぎ塩を作る。長ねぎはみじん切りにし、ボウルに入れて残りの調味料を加え、よく混ぜる。豆腐を食べやすく切り、4種の具を、青じそと細ねぎをあしらいながらのせる。　（大庭）

野菜の揚げびたし

大ぶりの野菜が食べごたえ満点！
油のこくとだしのうまみが利いています。
揚げたてをすぐにつけるのがコツです。

材料（6人分）

れんこん（1.5cm厚さの輪切り）……1節分
ズッキーニ（長さを半分にして縦4つ割り）……2本分
なす（縞目に皮をむき、2cm厚さの斜め切り）……3本分
パプリカ（黄、オレンジ。へたと種を取り、
　長さを半分にして2cm幅に切る）……各1個分
玉ねぎ（2cm幅の半月切り）……2個分
エリンギ（長さを半分にして縦2つ割り）……大4本分
オクラ（ガクをそぎ取る）……10本
かぼちゃ（2cm厚さのくし形切り）……1/4個分
揚げ油……適量
だし汁……4カップ
A
- 酒……1/3カップ
- みりん……1/2カップ
- しょうゆ……大さじ3
- 塩……小さじ1 2/3
- 赤唐辛子……2〜3本

1

鍋にだし汁を煮たて、Aを加えてひと煮たちさせ、大きめのボウルに移す。

2

野菜類を同じくらいの大きさに切り（材料表参照）、水けのあるものは拭く。玉ねぎはつま楊枝を刺す。**オクラは包丁で切り目を入れる。**

オクラは切り目を入れると揚げたときに破裂しない。

3

揚げ油を高めの中温（175℃）に熱して、れんこんなど色の淡いものから揚げる。かぼちゃは最後に入れて低温（150℃）で4〜5分、やわらかくなるまで揚げ、最後に高温（180℃）で揚げ、カリッとさせる。

4

揚げたそばから1のつけ汁に入れる。あら熱が取れたら、冷蔵庫に入れて冷やし、器に盛る。（大庭）

ちらしずし

ちらしずしの楽しみは
おいしさはもとより
見た目の美しさにもあります。
色とりどりの具材を
バランスよく配して
食卓に華やぎを添えましょう。

285kcal
塩分3.3g

材料（5〜6人分）

干ししいたけ……4枚
A ┌ みりん……大さじ⅓
　 │ しょうゆ……大さじ⅔
　 └ 砂糖……小さじ1
むきえび……200g
B ┌ みりん……大さじ3
　 │ 酒……大さじ2
　 │ 砂糖……大さじ1
　 └ 塩……小さじ½
卵……2個
卵黄……1個分
C ┌ 砂糖……大さじ1
　 └ 塩……小さじ⅓
絹さやえんどう……10枚
サラダ油……適量
塩……少々
すし飯（p.216参照）……600g

1 しいたけの甘煮を作る。干ししいたけは、さっと洗って1¼カップの水でもどす。鍋にA、もどし汁とともに入れ、中火にかける。煮たったらあくを取る。

2 落としぶたをし、弱めの中火で汁けがなくなるまで煮て、**そのまま冷ます**。冷めたら薄切りにする。

冷める過程で味が入っていくのでしっかり冷ます。

3 えびのおぼろを作る。えびは背わたを取り、熱湯で1分ゆでて冷水でさっと洗う。水けを拭いてフードプロセッサーに入れ、そぼろ状になるまでかくはんする。

4 鍋にBを合わせて煮たて、3を加える。木べらで混ぜながら水分がなくなり、そぼろ状になるまで中火でいる。

5 錦糸卵を作る。ボウルに卵、卵黄、Cを合わせて混ぜ、万能こし器でこす。卵焼き器に薄くサラダ油をぬり、卵液を薄く流し入れ、菜箸を使って裏返し、両面を焼く。卵液がなくなるまで同様に繰り返し焼く。

6 焼けたものから**ペーパータオルに挟んで、重ねて冷ます**。

1枚ごとにペーパータオルで挟むと、破れにくい。

7 冷めたら適当な幅に切り、重ねてせん切りにする。絹さやは筋を取り、色よくゆでてざるに上げ、塩をふる。斜めに細く切る。

8 器にすし飯を盛り、7の錦糸卵を広げてのせる。その上に4のえびのおぼろ、2のしいたけの甘煮、7の絹さやをちらす。　（高井）

いなりずし

じっくりと甘辛く
煮含めた油揚げの汁が
すし飯にほどよくしみて
何個でも食べたくなるいなりずし。
ざらめを使って、
こくとつやを出しました。

140kcal
塩分1.1g
（1個分）

材料（16～20個分）

油揚げ……8～10枚
米のとぎ汁……適量
A
- だし汁……3カップ
- ざらめ*……大さじ6
- しょうゆ……大さじ3
- みりん……大さじ2

すし飯（p.216参照）……700～800g

*ざらめがない場合は同量の砂糖を使う。

1

油揚げは半分に切って開き、**米のとぎ汁とともに鍋に入れて火にかける。**

米のとぎ汁で下ゆですると、油がよく落ち、味のしみこみがよくなる。

2

沸騰したら2分ゆでて取り出し、さっと水にさらし、両手のひらで挟んで水けを絞る。

3

鍋に2を並べてAを加え、落としぶたをして煮る。

4

中火にして、汁けが少し残るくらいまで15分煮含める。

5

煮あがった油揚げは、**バットなどに、1枚ずつていねいに広げて冷ます。**

広げて冷ますと、色が均一になり破れにくくなる。

6

油揚げの汁けを軽く絞り、袋状に開いたら、すし飯を一口大に軽く握って油揚げに入れる。

7

すし飯を角まで押し込み、油揚げの左右、上下の順に折りたたみ、形を整える。

（高井）

いなりずしをアレンジ

好みで白いりごまや、しょうがの酢漬けを刻んだものなどをすし飯に混ぜて、詰めてもいいでしょう。油揚げの甘煮も、袋を裏返したり、袋の1辺を開き、三角形になるようにして、すし飯を詰めるなど、いろいろな形にアレンジできます。

太巻きずし

美しい切り口が楽しみな太巻き。
芯にする具材は、
彩りはもちろん、
甘辛のバランスや歯ざわりも
考えて組み合わせましょう。
できあがりの断面を想像しながら
具を置きます。

321kcal
塩分3.2g

材料（5〜6人分）

かんぴょう（乾燥）……20g
A
- ざらめ……30g
- しょうゆ……大さじ1⅓
- 水……70mℓ

みりん……小さじ1
卵……4個
B
- 砂糖……大さじ2
- しょうゆ……小さじ2
- だし汁……大さじ4

えび（殻つき）……12尾
きゅうり……1本（100g）
三つ葉……1把（30g）
焼きのり（全型）……4枚
すし飯（p.216参照）……600g
塩……適量
サラダ油……適量

1

かんぴょうはp.207を参照してもどし、のりの幅に合わせて長さを切る。鍋にAを合わせて中火にかけ、煮たってきたらかんぴょうを加え、汁けがなくなるまで煮て、みりんを加え、さっと煮てバットに取り出す。

2

ボウルに卵を割りほぐし、Bを加えて混ぜる。p.41の2〜7の要領で厚焼き卵を作る。

3

焼きあがったらペーパータオルを敷いた巻きすに取り、巻いて形を整え、冷ます。**完全に冷めたら縦に4等分に切る。**

厚焼き卵は熱いと形が崩れやすいので冷ましてから切る。

4

えびは背わたを取り、曲がらないように腹側に竹串を刺す。2％の塩を加えた湯で2分ゆで、水に取り、殻をむいて水けを拭く。

5

きゅうりは表面に塩少々をまぶしてこすり、**熱湯にさっと通して冷水に取り、**縦に6等分する。三つ葉は軸をたこ糸で結び、熱湯でさっとゆでてざるに上げる。

緑色が鮮やかになる。

6

巻きすにのり1枚を裏面を上にして置く。すし飯150gをのせ、手前から⅔まで広げる。手前から3cmのところに具をのせる。

7

具を押さえながら、巻きすを持ち上げて巻く。**奥側の巻きすを引っぱって引き締める。**同様に4本作る。

同時にすしも手前にひくようにすると形が整う。

8

清潔なふきんを水でぬらしてかたく絞り、包丁の刃を拭く。のり巻きを2cm厚さに切り分ける。（高井）

おせち

新年を迎える祝いの膳は華やかに仕上げたいもの。
伝統的な家庭の味をつめ合わせた
わが家だけのおせちを手作りしましょう。
年末の慌ただしいなかでも、
手間をかけずに段取りよくすすめられる
手軽にできて見栄えもよいレシピをご紹介します。

【一の重】

黒豆
伊達巻き
栗きんとん
田作り
市松かまぼこ

↓作り方は１９４ページ～

【二の重】

鶏肉の南蛮漬け
えびの白ごま揚げ
紅白なます
ぶりの照り焼き
たいのおぼろ昆布巻き

↓作り方は１９６ページ～

【三の重】

煮しめ

↓作り方は１９８ページ

二の重
三の重
一の重

一の重

縁起ものの祝い肴や
口取りなどが詰められる一の重。
味がなじむまでに
時間がかかる黒豆は、
早めに取りかかりましょう。

はんぺんを使って手軽に作る

伊達巻き

220kcal
塩分2.3g
（1本分）

材料（2本分）

卵……大6個
はんぺん……大1枚
A ┌砂糖……大さじ4
　 │みりん……大さじ2
　 └塩……小さじ¼
サラダ油……適量

作り方

1 はんぺんはちぎってフードプロセッサーに入れ、軽くかくはんする。卵を1個ずつ加えながらさらにかくはんし、Aを加えてなめらかな液体状にする。
2 卵焼き器を熱して、薄くサラダ油をひき、1の半量を流し入れる。弱火にしてアルミ箔をかぶせ、八分どおり火が通るまで10分ほど焼く。焼き色がついたら裏返して1〜2分焼く。もう1枚も同様に焼く。
3 巻きすの上に2を焼き目を下におき、手前から2cm間隔に浅く切り込みを4〜5本入れ、熱いうちに巻き、輪ゴムで留める。あら熱が取れたら巻きすを外し、冷蔵庫で冷して、食べやすく切る。（河野）

Memo **白身魚の代わりにはんぺんを使えば手軽です。山いもも含まれているので、ふっくらと仕上がります。**

うまみを含んだ汁もおいしい

黒豆

2005kcal
塩分 4.2g
（全量）

材料（作りやすい分量）

黒豆（乾燥）……2カップ（300g）
塩……小さじ½
A ┌三温糖……2〜2½カップ
　 │しょうゆ……大さじ1
　 └重曹……小さじ½

作り方

1 黒豆は水洗いをし、皮の破れたものを除く。厚手の鍋に入れ、水8カップと塩を加えて一晩おき、もどす。
2 Aを加えて強火にかけ、あくが浮いてきたらていねいにすくい、煮たってきたら水1カップを加え、豆がおどらないようにガーゼなどで落としぶたをする。その上にふきこぼれないよう、ふたを少しずらしてのせ、弱火でコトコト3〜4時間煮る。
3 豆をつまんでつぶれるようになったら火を止め、冷めるまでおく。密閉容器に移し、上からペーパータオルをかぶせ、そのまま2〜3日おき、ふっくらさせる。（河野）

Memo **2で加える水は、豆の表面と内部との温度差を少なくして、皮にしわが寄るのを防ぐはたらきをします。冷蔵庫で1週間保存も可能。**

1609kcal　塩分1.0g（全量）

さつまいもの皮の色が鮮やか

栗きんとん

材料（作りやすい分量）

さつまいも……2本（500g）
くちなしの実……1個
栗の甘露煮（市販）
　……10〜12個
A
- 三温糖……¾〜1カップ
- 栗の甘露煮のシロップ……½カップ
- みりん……¼カップ
- 塩……少々

作り方

1 さつまいもは皮つきのまま2cm厚さの輪切りにし、水が濁らなくなるまで3〜4回水を替えて洗い、たっぷりの水に15分以上さらし、水をきる。
2 くちなしは半分に切り、だし用パックに入れる。鍋に1のさつまいもとくちなしを入れて、かぶるくらいの水を加え、強火にかける。煮たったら弱火にして、やわらかくなるまでゆでる。
3 くちなしを取り出し、ゆで汁を¼カップほど残して捨て、木べらで粗くつぶす。Aを加えてぽってりするまで混ぜながら、さらに煮つめる。
4 栗の甘露煮を加えてひと煮し、バットにあけて冷ます。（河野）

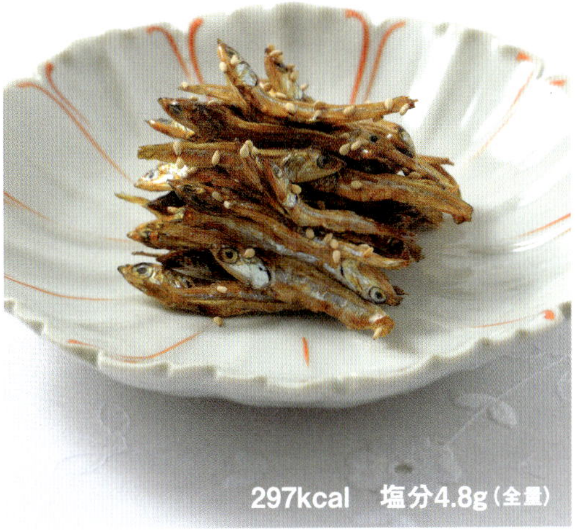
297kcal　塩分4.8g（全量）

甘辛い味が後を引くおいしさ

田作り

材料（作りやすい分量）

ごまめ……50g
A
- みりん……大さじ2
- しょうゆ……大さじ1½
- 砂糖……小さじ2

白いりごま……適量

作り方

1 ごまめは頭や尾が取れたものを除き、くっついているものは1尾ずつに離す。耐熱皿にクッキングシートを敷き、重ならないように並べる。
2 1のごまめを電子レンジ（500W）に入れ、2分30秒〜3分加熱する。ポキッと折れるようになったら、そのまま冷めるまでおく。
3 鍋にAを入れて弱火にかけ、大きな泡が出てきたら少し煮つめる。
4 3に2のごまめを入れ、手早く全体にからめてつやよく仕上げる。シートの上に広げて冷まし、ごまをふる。（河野）

285kcal　塩分7.5g（全量）

切り方にひと工夫して華やかに

市松かまぼこ

材料（作りやすい分量）

かまぼこ（紅、白）……各1本

作り方

1 かまぼこは、1.5cm厚さに切り、色違いで2枚重ねて半分に切り、市松模様に並べる。（河野）

切り方アレンジ

手綱かまぼこ

かまぼこ（紅）1本は1.5cm厚さに切る。赤い部分を丸みに沿って3mm厚さにむいて、⅔くらいまでむいたら止め、真ん中に3cm長さの切り目を入れる。

切り目に、むいた先端を下からくぐらせ、軽く引いてくるりとねじり、元の形に戻してぴったりつける。

二の重

焼き物や酢の物など
さっぱりとした口取りが
並ぶ二の重。
下ごしらえを手際よくして
華やかに仕上げましょう。

背開きの必要がないから簡単

えびの白ごま揚げ

255kcal
塩分1.2g

材料（4人分）

えび（殻つき）……12尾
A ┌酒……大さじ1
　└塩……小さじ½
卵白……½個分
小麦粉……適量
白いりごま……60〜70g
揚げ油……適量

作り方

1 えびは背わたを取り、尾と1節を残して殻をむき、尾の先を斜めに少し切り落とす。Aをからめて下味をつける。
2 卵白は水少々を加えてゆるめる。
3 1のえびの水けを拭き、尾と1節を残して小麦粉を薄くつける。2の卵白にくぐらせ、ごまをたっぷりつけて4〜5分おく。
4 揚げ油を160℃に熱し、3のえびの尾を持って入れ、カリッと揚げる。（河野）

Memo 油に残ったごまは、次の揚げ物の機会に備えて、きれいに取り除いておきます。

市販のポン酢を使って手間なし

鶏肉の南蛮漬け

289kcal
塩分1.5g

材料（4人分）

鶏もも肉……400g
長ねぎ……½本
しょうが……1かけ（15g）
塩、こしょう……各少々
小麦粉……適量
揚げ油……適量
A ┌赤唐辛子（小口切り）……1本分
　│ポン酢じょうゆ（市販）……½カップ
　│だし汁……¼カップ
　└砂糖……小さじ1〜2

作り方

1 鶏肉は筋を切り、一口大に切って塩、こしょうをふる。
2 長ねぎは4㎝長さの細切りにし、しょうがは皮をむいてせん切りにする。バットにAを合わせ、長ねぎ、しょうがを加える。
3 1の鶏肉に小麦粉をまぶし、170℃に熱した揚げ油でカリッと揚げる。
4 揚がったそばから2につけ、あら熱を取り、30分おいて味をなじませる。（河野）

Memo 市販のポン酢によって味が違うので、砂糖の量は味見して加減してください。

52kcal　塩分1.2g

繊維に沿って美しく細切りにして

紅白なます

材料（4人分）

大根……小½本（500g）
にんじん……小½本（50g）
塩……小さじ1½
A 酢……大さじ5
A 砂糖……大さじ3½
A 塩……小さじ⅓
ゆずの皮（せん切り）……適量

作り方

1 大根とにんじんは皮つきのまま、それぞれ5cm長さに切り、繊維に沿って薄切りにし、さらに繊維に沿って細いせん切りにする。
2 1をボウルに入れて塩をふり、手でもんでなじませ、15～20分おき、しんなりしたら水けを絞る。
3 別のボウルにAを入れて混ぜ合わせ、ゆずの皮と2の大根とにんじんを加えてよく和える。

（河野）

Memo 皮つきで使う場合は、たわしなどでしっかり洗いましょう。

258kcal　塩分1.5g

フライパンだから後始末もらくらく

ぶりの照り焼き

材料（4人分）

ぶり……4切れ
A しょうゆ……大さじ3
A みりん……大さじ2
A 酒……大さじ1
サラダ油……大さじ1

作り方

1 ぶりは1切れを2～3つに切り分ける。
2 バットにAを合わせ、1のぶりを30分強つける。途中裏返して味をなじませる。
3 フライパンにサラダ油を熱し、2のぶりの汁けをきって、皮目から焼く。色よく焼けたら裏返し、中まで火を通す。

（河野）

150kcal　塩分1.2g

おぼろ昆布を巻くだけの即席昆布締め

たいのおぼろ昆布巻き

材料（4人分）

たい（刺し身用）……2さく（300g）
おぼろ昆布……約15g
塩……小さじ1

作り方

1 たいの両面に塩をすりこみ、30分ほどおく。ペーパータオルで水けを軽く拭き、一口大のそぎ切りにする。
2 おぼろ昆布を1のたいのまわりに帯状にふんわりと巻きつける。

（河野）

三の重

縁起のいい七種類の
素材をじっくりと煮合わせ、
味を含ませた煮しめ。
うまみたっぷりの
乾物のもどし汁も使って
調理しましょう。

飽きのこない、おせちの定番煮物

173kcal
塩分2.1g

煮しめ

材料（4人分）

干ししいたけ……小8枚
昆布……6×20㎝2枚
にんじん……1本
れんこん……1節
ごぼう……½本
里いも……4〜6個（300g）
こんにゃく……1枚

A
- 干ししいたけのもどし汁……1カップ
- 昆布のもどし汁……3カップ

B
- 砂糖……大さじ3
- みりん……大さじ3
- 酒……大さじ3
- しょうゆ……大さじ2
- 薄口しょうゆ……大さじ2

絹さやえんどう……適量

作り方

1 干ししいたけは1カップの水でもどし、石づきを切る。昆布は3カップ強の水でもどし、幅を2等分に切って、縦半分に折り、結び昆布を作る。いずれももどし汁は取っておく（写真a）。

2 にんじんは皮をむき、1.5㎝厚さの輪切りにする。れんこんは皮をむいて1㎝強の厚さの輪切りにし、ごぼうはたわしで洗い、1㎝幅の斜め切りにし、それぞれ水にさらし、水けをきる。

3 里いもは皮をむいて塩少々（分量外）でもみ、ぬめりが出たら水洗いする。かぶるくらいの水を加えて火にかけ、沸騰したら弱火で3分ほどゆでて、ざるに取って水洗いする。

4 こんにゃくは7〜8㎜厚さに切り、中央に3㎝長さの切り目を入れ、一方の端をくぐらせて手綱にする。熱湯で2〜3分ゆで、水けをきる。

5 絹さやは筋を取り、熱湯でさっとゆで、水に取って冷まし、水けをきる。

6 鍋にAと1〜4の材料を入れて、煮たったら落としぶたをして、弱火で5分ほど煮る。Bを加え、煮たったら弱めの中火にしてあくを取り、落としぶたの上からふたをして、具がやわらかくなり、煮汁が⅓量くらいになるまで煮る。火を止めてそのまま冷まし、味を含ませる（写真b）。

7 6を器に盛り合わせ、5の絹さやを、形を整えて添える。

（河野）

a
しいたけや昆布のもどし汁をむだなく使えば、だしをとらなくてもいい。

b
材料をまとめて1つの鍋で煮れば、すべての材料にうまみがしみこむ。

おせちと一緒に

お雑煮

ふるさとのお雑煮はなつかしいもの。
お餅の形や具材や汁などそれぞれの家庭で
こだわりの味を楽しむのもお正月ならでは。
東と西の代表的なお雑煮をご紹介します。

とろりと甘いみそが後を引く

関西風雑煮

246kcal
塩分2.5g

材料（4人分）

丸餅……4個
里いも（またはえびいも）
……4個
大根……3cm（100g）
焼き豆腐……$\frac{1}{2}$丁
だし汁……4カップ
西京みそ……150〜170g
三つ葉……適量

作り方

1 里いもは皮をむいて、2cm厚さの輪切りにし、塩適量（分量外）をまぶしてぬめりが出たら洗い流す。大根は皮をむき、1cm厚さのいちょう切りにする。
2 焼き豆腐は1cm厚さの色紙切りにする。餅は水から入れてやわらかく煮る。
3 鍋にだし汁と1の野菜を入れ、煮たったら弱火にして、野菜に火が通るまで煮る。2を加えて煮たったら西京みそを溶き入れる。
4 器に盛り、2cm長さに切った三つ葉を添える。（河野）

あっさりしたかつおだしを生かして

関東風雑煮

191kcal
塩分2.1g

材料（4人分）

角餅……4個
鶏むね肉……100g
小松菜……50g
かまぼこ（紅、白）……各4切れ
だし汁……4カップ
A しょうゆ……小さじ1
A 塩……小さじ$\frac{3}{4}$
ゆずの皮……適量

作り方

1 鶏肉は一口大のそぎ切りにする。小松菜は熱湯でゆでて水けを絞り、根を切り落とし、4cm長さに切る。ゆずの皮はそぎ切りにする。
2 餅はこんがりと焼く。
3 鍋にだし汁を入れて強火にかけ、1の鶏肉を加えてあくを取りながら、弱火で3分ほど火を通す。Aを加え、かまぼこ、1の小松菜、2の餅を加えてひと煮たちさせ、火を止める。
4 器に盛り、ゆずの皮を添える。（河野）

和食のための調理の基本

計量の仕方、だしのとり方、素材の下ごしらえ、材料の切り方など、和食の調理の基本を紹介します。自己流の料理でうまくいかなかった人は、ここを見直すだけで、いつもの料理がぐんとおいしくなるはずです。

計量の仕方

面倒だからといって、目分量で材料を加えると、本来の味とは違うものになってしまいます。
まずは、正しい計量方法を覚えましょう。

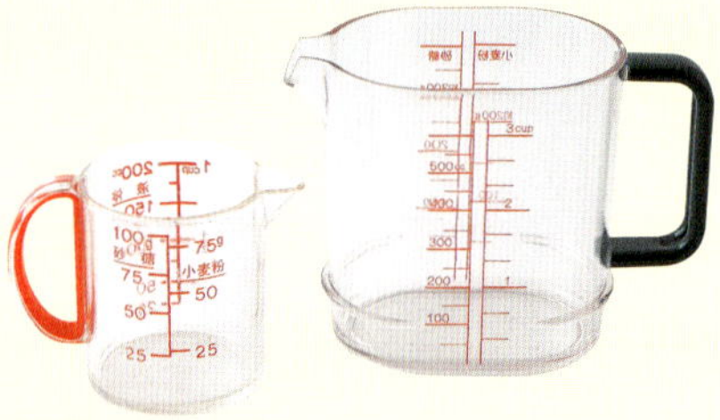

計量カップ

1カップは200mℓが基本です。大量の粉や液体を計量するための大きなものもあります。目盛りが見やすく透明なものは液体を量るときに便利。素材はステンレス製やプラスチック製などがあります。（炊飯器についているカップは180mℓです）

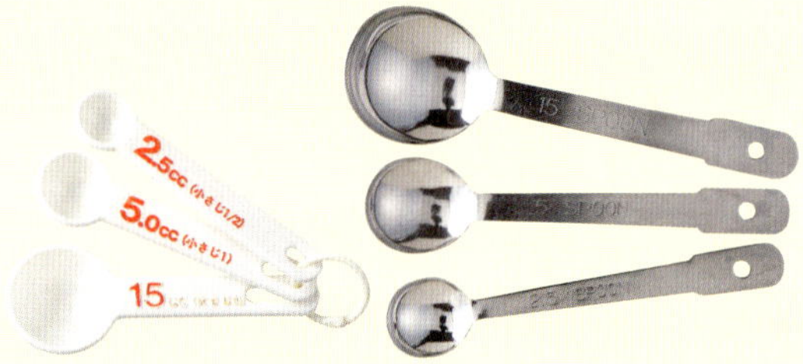

計量スプーン

大さじ（15mℓ）と小さじ（5mℓ）の2本が基本ですが、小さじ½（2.5mℓ）を量れるものもあります。素材はステンレス製やプラスチック製が一般的です。

粉状のもの

大さじ1

砂糖や塩などは、かたまりがあれば、つぶしてから軽く山盛りにすくい、へらや箸などでスプーンの縁をなぞるようにして平らにすりきりにする。

大さじ½

大さじ1をすりきりにして量ったら、へらやナイフ、スプーンの柄などで半量を取り除く。

大さじ⅓

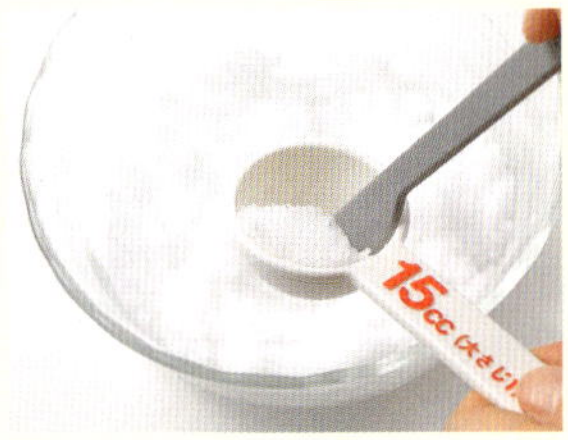

大さじ½から、さらにその⅓量を取り除くと大さじ⅓になる。（大さじ⅓は小さじ1と同量なので小さじがあれば使う）

1カップ

カップを水平な場所に置き、ふんわりと中身を入れて軽くカップをたたき、表面を平らにする。目盛りは水平に読む。

液状のもの

大さじ1

しょうゆや酒などの液体は、静かに注ぎ入れ、スプーンの縁ぎりぎりの、表面張力で盛り上がるところまで入れる。

大さじ½

底が丸いので、スプーンの⅔の深さを目安に注ぎ入れる。

大さじ⅓

底が丸いので、スプーンの½の深さを目安に注ぎ入れる。（大さじ⅓は小さじ1と同量）

1カップ

カップを水平な場所に置き、液体を目盛りまで注いだら、真横から目盛りを読んで確認する。

水加減

煮物などの仕上がりには水加減が大きく影響します。
目的に合った水の量を知って、失敗を防ぎましょう。

ひたひた

鍋に入れた材料が水面からほんの少し出ている状態。煮くずれしやすい材料や、水分の多いものを煮るときに。

かぶるくらい

鍋に入れた材料が水や煮汁にちょうど隠れるぐらいの状態。素材から水分の出ない乾物をじっくり煮るときや、いも類や卵をゆでるときに。

たっぷり

鍋に入れた材料が水や煮汁にすっかりつかり、鍋を動かしても材料が表面に出ないくらいの量。長時間煮こむときや、あくの強い青菜などをゆでるときに。

水にさらす

材料を水に浸してあくやえぐみを取り、変色を防ぐためにおこなう。

火加減

火加減に気をつけないと焦げつき、
加熱むらなど、失敗の原因になります。
火の強弱を上手に使い分けて、おいしく作りましょう。

強火

鍋底全体に炎が当たり、炎が少し広がった状態。外側にはみ出さない程度のもっとも勢いの強い火。お湯を沸かすときや煮たてるとき、炒め物の調理に。

中火

炎の先端が鍋の底につくかつかないかくらいの状態。いちばんよく使われる火加減で、レシピで「火にかける」とあるのはこの状態。

弱火

炎の先端が鍋の底とこんろの真ん中ぐらいにある状態。水分の多い素材や、煮くずれしやすい食材を煮るときや、味をじっくり含ませたい煮物などに。

とろ火

弱火よりもさらに弱い、消えない程度の小さな炎。蒸し煮や気長に煮こむ煮物などに使われる。

調味料の使い方

和食の基本調味料は「さしすせそ」と覚えてください。
「さ」は砂糖、「し」は塩、「す」は酢、
「せ」はしょうゆ、「そ」はみそのこと。
それぞれの特徴を知って、使うタイミングを身につければ、
おいしさに差が出ます。

さ（砂糖）

砂糖は塩やしょうゆなどの塩分のあるものよりしみこむ速度が遅いので、味つけの最初に入れるのが基本。塩分を先に入れると、組織が締まって砂糖がしみにくくなる。

砂糖をたくさん入れるときは2〜3回に分けるとよくしみる。材料をやわらかくしたり、つやを出す効果も。

し（塩）

塩は味つけの基本となる調味料。塩加減のよしあしで料理の味が決まる。また魚のくさみを抜いたり、野菜の色を鮮やかにしたり、変色を防ぐなど下ごしらえにも欠かせない。

魚は塩をふって下味をつけると、くさみが取れ、うまみが増し、身に弾力が出る。

す（酢）

酸味をつける酢は、食欲を増進させるほか、塩辛さや油っぽさをやわらげたり、生ぐさみを消すはたらきをする。先に加えると酸味がとんでしまうので注意を。

せ（しょうゆ）

うまみ、香り、色、風味をつけるしょうゆは、煮物に欠かせない万能調味料。塩分を含むので砂糖のあとに加えること。料理により、薄口と濃口を使い分けるとよい。

しょうゆを煮物に入れるときは、2回に分けて加えると香りが生きる。

そ（みそ）

みそは煮たてると香りがとぶので、タイミングを見て入れる。ほかの調味料と合わせるときは、最初に砂糖など粉状のものを混ぜてから、だし汁やしょうゆなどの液体でゆるめるとよい。

揚げ油の温度

油の温度調節に強くなれば、揚げ物の腕が上がります。
目的に合った温度で色よく揚げたら、
引き上げるタイミングを逃さずに。

低温（160〜165℃）

油を静かにかき回してから、中心にパン粉や衣をほんの少量落としてみて、いったん鍋の底まで沈んでからゆっくりと浮き上がる状態。

●こんな料理に

野菜やいも類の天ぷら、春巻き、ドーナッツ、揚げ餅など。

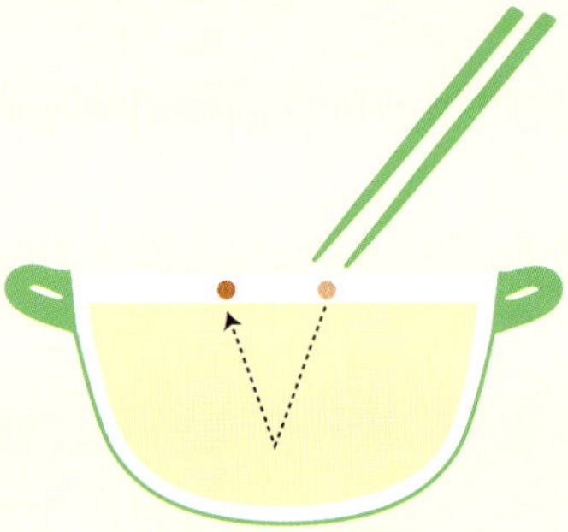

中温（165〜180℃）

パン粉や衣をほんの少量落としてみて、油の中ほどまで沈んですぐに浮き上がってくる状態。ほとんどの揚げ物の適温。

●こんな料理に

鶏のから揚げ、とんかつ、えびフライ、揚げギョウザなど。

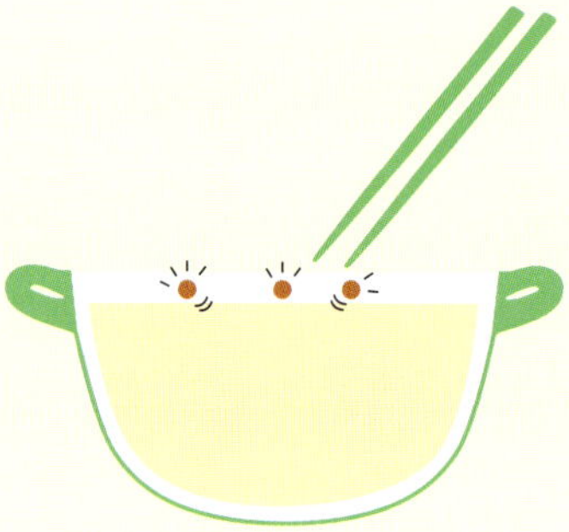

高温（180〜190℃）

パン粉や衣をほんの少量落としてみて、ほとんど油に沈まず表面でパッと散る状態。これ以上になると煙が立って危険。

●こんな料理に

揚げ出し豆腐、冷凍コロッケなど。

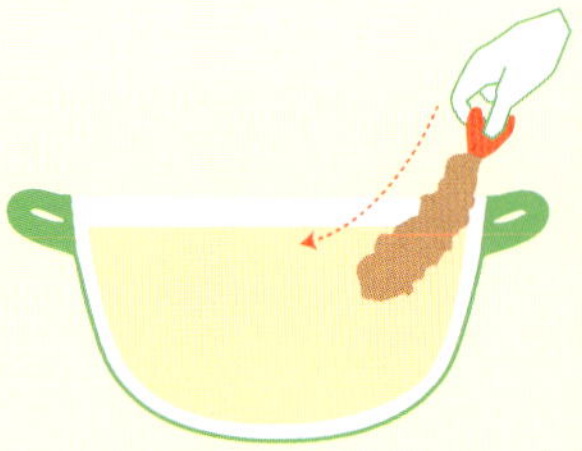

揚げ物調理の注意点

鍋の向こう側に向けて揚げるものを入れると、油が手前にはねない。熱いからといって高い位置から入れると逆効果。鍋の際からすべらせるように静かに入れるとよい。

だしのとり方

煮干しだし

独特の風味があるので、野菜のみそ汁やめんつゆに使われます。

材料（作りやすい分量）
煮干し……10～20g
水……5カップ

1 煮干しは苦みや生ぐさみが出ないようにはらわたを取る。

2 鍋に分量の水とともに入れ、一晩おく。

3 2を火にかけてひと煮たちさせ、あくが出たら火を弱めてすくう。

4 ボウルにペーパータオルを敷いたざるをのせてこす。

できあがり

保存▶冷蔵で2～3日

煮干し

光沢があり、への字形に曲がっていて腹の割れていないものが良品。酸化すると生ぐさみが出て味が悪くなるので、開封後は冷蔵庫または冷凍庫で保存を。

•わたを取って冷蔵保存が便利
煮干しのわたは時間のあるときにまとめて取り除き、容器に入れ、冷蔵保存しておけば毎日のみそ汁作りに役立つ。

Memo 煮干しを浸水させずに、すぐにだしをとる場合は沸騰後、弱火で7～8分煮出す。

かつお昆布だし

和食の代表的なだしで、レシピで「だし汁」と表記されているものです。

材料（作りやすい分量）
昆布……10㎝角1枚
かつおの削り節……ひとつかみ
（15～20g）
水……5カップ

1 鍋に分量の水と表面を軽く拭いた昆布を入れ10分おく。

2 鍋を中火にかけて沸騰直前に昆布を引き上げる。

3 すぐにかつおの削り節を入れ、弱火にして、そのまま1分ほど煮て火を止める。

4 削り節が自然に沈むまで3～4分おく。

5 ボウルにペーパータオルを敷いたざるをのせてこす。

できあがり

保存▶冷蔵で2～3日

かつおの削り節

パック入りの削りがつおは香りが抜けないよう、開封後は空気を抜いて冷蔵庫で保存を。削り節には、さば節やいわし節を削ったものもあり、こくがあるのでみそ汁やめんつゆなどに向いている。

昆布

「だし昆布」はだしをとる昆布の総称で、真昆布、日高昆布（みついし昆布）、利尻昆布が一般的。最上級とされている真昆布は甘みとこくのある上品なだしがとれ、日高昆布は煮物にも向くので、もっとも使いやすい昆布。利尻昆布は真昆布に次ぐ良品（写真は真昆布）。

Memo 「一番だし」と呼ばれ、風味のよさは格別で、吸い物や茶碗蒸しなどに最適。「一番だし」をとったあとの昆布とかつお節を（かつお節を足す場合もある）煮出してとる「二番だし」は煮物やお総菜に使うとよい。

素材の下ごしらえ

ひと手間かけて正しく下ごしらえをすると、素材の持ち味が生かされて、おいしく調理ができます。

野菜

メークインなど

メークインやにんじんなどの皮むきにはピーラーが便利。野菜を固定してピーラーを横に動かすのがコツ。

芽を取る

じゃがいも

じゃがいもの芽はソラニンという毒素があるので、包丁の刃元で三方から切り込みを入れてえぐり取る。

薄皮をむく

にんにく

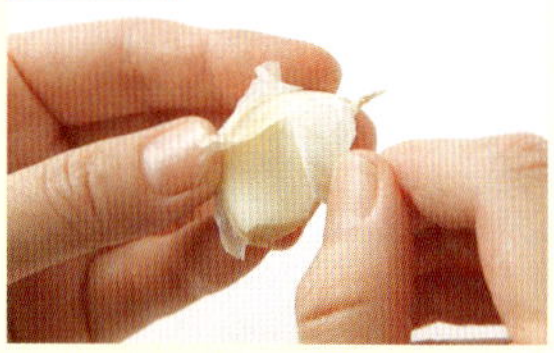

にんにくは1かけずつバラバラにしたら、薄皮をむいて使う。芽には苦みがあるので包丁の刃元で取る。

ひげ根を取る

もやし

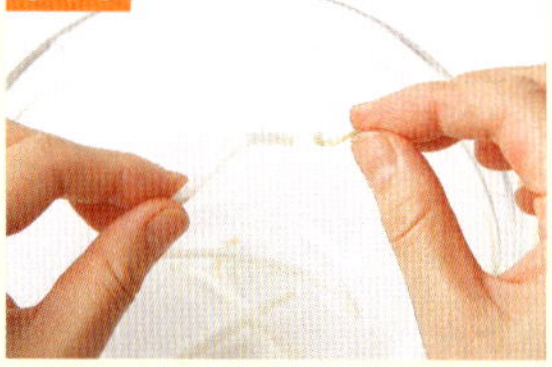

もやしのひげ根は1本ずつ指でつまんで折るようにして取ると、見た目もよくなり、格段においしくなる。

かぼちゃ

1 かぼちゃは皮のかたい部分を包丁で切り取るだけで大丈夫。

2 ところどころ皮をむくことで味がしみこみやすくなり、見た目もよい。

グリーンアスパラガス

アスパラガスについているはかまは、そぐように包丁でこそげ取る。根元に近いかたい部分の皮をピーラーなどでむくと食べやすくなる。

ごぼう

ごぼうは皮の近くに香りやうまみがあるので、皮はむかず、包丁の背をねかせて、こそげる程度にして取りすぎないこと。新ごぼうなら、たわしで洗うだけでもよい。

皮をむく

大根

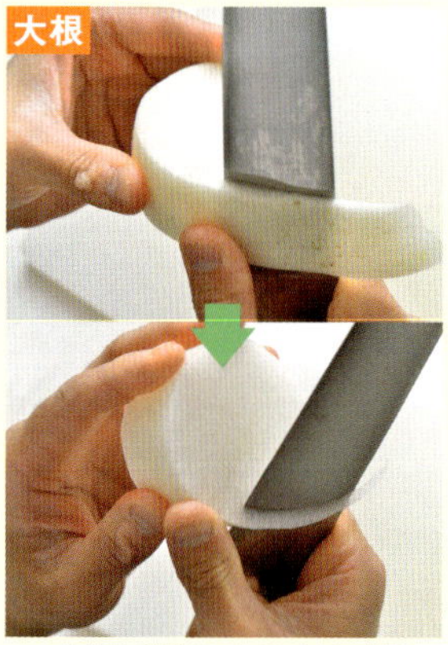

1 大根を煮物にするときは、輪切りにしてから皮をむくとやわらかく仕上がる。ピーラーで縦に皮をむいて輪切りにすると、筋っぽくなってしまう。

2 皮をむいたら面取り（角を包丁でそぎ取る）すると、煮くずれ防止に。

かぶ

1 かぶの茎を残したいときは、根を切り、茎のまわりの皮を包丁でそぎ取る。皮はやわらかいので、むかずに使ってもよい。

2 縦に4～6等分に切り、水につけておくと、茎の間の土が落ちる。

里いも

里いもの皮は厚めにむく。上下を少し切り落としたら、側面をいもの丸みをなぞるように、面取りしながらむくと煮くずれない。（このとき指先を酢でぬらしておくと、かゆくなりにくい）

洗う

ほうれん草

1 株の大きいものは、根元に十字に切り目を入れ、根元の泥を落ちやすく、火を通りやすくする。

2 水にしばらくつけ、根元の泥を落とす。

菜の花

菜の花は、市販のものは包みをほどいて水に放し、葉を広げてシャキッとさせてから洗う。

葉を摘む

春菊

茎のかたい春菊は、葉を摘んで使うと食べやすくなる。

モロヘイヤ

モロヘイヤは茎がかたいので、葉だけ摘み取ってゆでる。

ゆでる

ほうれん草

1 ほうれん草はたっぷりの沸騰湯でゆでる。塩を加え、火の通りにくい根元のほうから少量ずつ入れる。

2 ゆでたらすぐに水に取ると色鮮やかになり、あくも取れる。冷めたら手早く絞る。春菊、せり、小松菜なども同様にする。

ブロッコリー

1 ブロッコリーは小房に分け、茎も皮をむいて食べやすく切って、茎から先にゆでる。

2 水に取らず、盆ざるに均一に広げ、余熱が加わらないよう手早く冷ます。カリフラワー、もやし、キャベツ、白菜も同様に広げて冷ます。

チンゲンサイ

チンゲンサイなどの中国野菜は、塩のほかに油少々を加えてゆでると、緑の色が鮮やかになりうまみが出る。

ぬめりを取る

長いも

長いもは皮をむいて水にさらしたら、ペーパータオルなどでぬめりを拭くと、切るときすべりにくくなる。

里いも

里いもは塩少々をふりかけて両手でもみ、ぬめりを十分に出したら、そのまま沸騰した湯で下ゆでする。

わけぎ

わけぎをぬたにするときにぬめりが気になったら、ゆでて冷ましたあと、根元をそろえてまな板の上に置き、包丁の背をねかせて根元から葉先に向けてしごき、ぬめりを押し出す。

水にさらす

じゃがいも

切ったじゃがいもは、すぐに水にさらして5分ほどおく。表面のでんぷんやあくが取れて変色しにくくなる。

みょうが

みょうがは刻んだあと、水にさらしてあくを出すと、余分な苦みなどが抜けて、口当たりがやわらかくなる。生食する玉ねぎや薬味用の長ねぎも水にさらす。

たたく

ごぼう

ゆでたごぼうは、すりこ木などでたたくと味がしみやすい。たたいたら食べやすく切って和え物などに。

おろす

大根

大根は丸く「の」の字を書くようにおろすと、繊維がまろやかな口当たりになる。ざるに取り、5分くらいおいて自然に水けをきる。

板ずり

きゅうり

きゅうりは皮がかたく味がしみにくいので、塩をふったまな板の上に置き、両手で転がして塩をなじませる。

端を切る

枝豆

枝豆は塩けが回るように両端をキッチンばさみで浅く切って、塩でもんでゆでる。

筋を取る

絹さやえんどう

絹さやえんどうは先端を折って筋を取り、へたも折って反対側の筋を引いて取る。

セロリ

セロリの筋は根元から葉先に向かって取る。包丁に引っかけたら、すっと引っぱるようにして取るとよい。

わたを取る

かぼちゃ

かぼちゃは半割りにし、スプーンでわたと種をくりぬいて取り除く。保存するときもわたと種を取り、ラップに包んで冷蔵すると傷みにくい。

湯むき

トマト

1 トマトは包丁の刃先でへたをくりぬき、穴じゃくしにのせるか、フォークで刺して沸騰湯に約30秒つける。

2 皮がめくれたらすぐに水に取り、皮をつまんでつるりとむく。このあとに調理すれば舌ざわりがよい。

山菜

ふき

独特の歯ざわりと香りが楽しめる山菜。あくが強いので下ゆでして皮をむき、水にしばらくさらしてから調理する。煮物や和え物、炒め物もおいしい。

1 ふきは鍋に入る長さに切りそろえ、塩適量をふって両手で転がしながら板ずりをする。

2 塩をまぶし、たっぷりの湯に入れてゆでる。

3 爪が立つくらいまでやわらかくゆでて水に取り、色どめする。根元のほうから皮をむいて水にさらす。

わらび

あくが強いので、わら灰や重曹などであく抜きをして調理する。ただし抜きすぎると風味も消えてしまうのでほどほどに。特有のぬめりがあり、おひたしや煮物にするとよい。

1 採ったらすぐ、洗わずにバットや金だらいに並べ、1kgに対してわら灰を1/3カップの割合で全体にふる。

2 上からわらびが隠れるくらいまで沸騰湯をたっぷり回しかける。

3 落としぶたをして一晩おく。翌日あくの出た水を替えながら、半日水にさらし、水につけて冷蔵保存。

きのこ類

きのこは水につけると味が落ちるので、汚れは、ぬれぶきんなどで拭く程度にする。

しめじは石づきを切り落とし、食べやすいように小房に分ける。

えのきたけは根元の茶色の部分を切り落とす。包装のパックごと切ると扱いやすい。

モウソウチク

掘りたては生食できるが、市販のものは下ゆでしてから炊きこみご飯や煮物などに調理する。購入したら鮮度の落ちないうちにできるだけ早く下ゆでし、使うときまで水につけておく。

1 土をよく洗い落とし、穂先を斜めに切って、縦に切り目を入れる。

2 鍋にたっぷりの米のとぎ汁、赤唐辛子2〜3本とたけのこを入れ、落としぶたをして強火にかける。

3 沸騰後、根元に竹串が通るまで弱火で約50分ゆで、火を止め、そのまま冷まして皮をむき水洗いする。

細たけのこ

根曲がり竹やゴサンチクなど、細たけのこの種類は地方によっても多彩。下ゆでしてあく抜きをしたら、煮物や和え物、炊きこみご飯などで調理する。

1 穂先を1㎝ほど斜めに切り落とし、縦に切り込みを入れて根のほうから皮をむく。

2 最後のやわらかい皮は穂先を折らないようにしながら、穂先のほうへねじるようにしてむく。

3 熱湯で4〜5分ゆで、水にさらす。毎日水を替えれば冷蔵庫で3〜4日は保存できる。

うど

さわやかな香りの山菜。先端までピンとして、産毛がしっかり生えているものが新鮮。香りと歯ざわりのよさで生食がおいしいが、あく抜きが必要。むいたうどの皮はきんぴらにしてもよい。

1 たわしでこすり洗いをして産毛を落として適当な長さに切り、皮を厚めにむく。

2 皮をむいたそばから酢水にさらすと変色しない。（水1カップに対して酢小さじ1ぐらいの割合）

乾物

切り干し大根

1 水の中でもみ洗いをして汚れを落とし、きれいな水に30分くらいつけてもどす。

2 ふっくらもどったら、菜箸でほぐし、水けをきって使う。

急ぐときは

手早くもどしたいときは熱湯を回しかけるとよい。

干ししいたけ

かぶるくらいの水に1～2時間つけ、芯がなくなるまでやわらかくもどす。急いでもどしたいときはラップをかけ、電子レンジに4～5分かける。もどし汁はだしに使えるので、水は必要以上に多くしない。

高野豆腐

1 ぬるま湯につけ、芯がなくなってふっくらするまでもどす。このとき、浮かないように皿などで重しをする。

2 白い濁り水が出なくなるまで流水で押し洗いし、形がくずれないよう手で挟んで絞る。

ひじき

1 たっぷりの水につけ、ごみなどが浮いてきたら取り除き、20分ほどおく。

2 ひじきがふっくらとしたら水けをきって調理する。

種子・木の実

ごま

いりごま

厚手の小鍋にごまを入れ、弱火で香ばしくいる。焦がすと苦みが出るので注意する。

切りごま

いったごまをまな板に広げ、包丁でざく切りにすると、香りが増す。

栗

1 沸騰した湯に入れ、そのまま湯が冷めるまでおく。

2 包丁で鬼皮と渋皮をむき、むいたそばから水にさらす。その後、料理に合わせて加熱する。

ぎんなん

包丁の場合

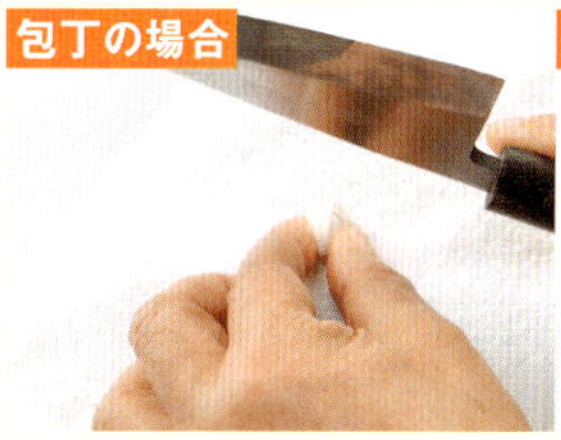

ペンチの場合

包丁の背を使ってぎんなんの殻をたたき、ひびを入れて殻をむく。ペンチでぎんなんの殻を割る方法も手軽。実を傷つけないように注意する。

かんぴょう

1 適当な長さに切り、水洗いしたら塩適量をふって手でよくもむと、繊維がやわらかくなる。

2 流水で洗い流して塩けを落としたら、20分ほど水につけてもどす。さらに熱湯で4～5分下ゆでをし、冷水に取って水けを絞る。

魚介

手開き

いわしなど身がやわらかで骨が外れやすい魚は
包丁を使わず手で開きます。中骨に余分な身も残らず
手早く下ごしらえができます。

いわし

目が澄んでいて、うろこがあり、光っているものが新鮮。

1 うろこを包丁の先でこそげたら、胸びれの下に包丁を入れて頭を切り落とす。

2 切り口から刃先を入れ、腹を切って開き、わたをかき出す。

3 残ったわたや血をきれいに水洗いする。

4 中骨と身の間に腹側から親指を入れ、骨に指を沿わせながら身を外す。

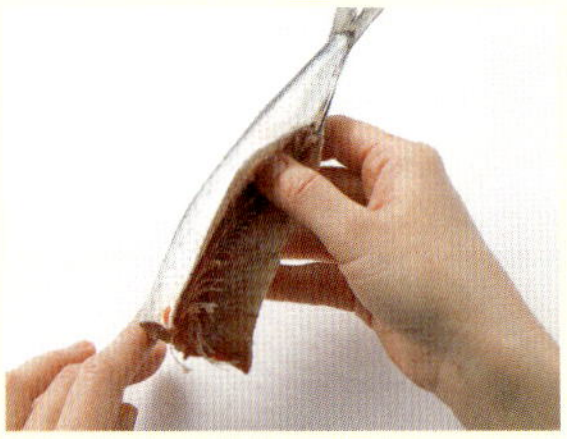

5 反対側の身も同じように外す。

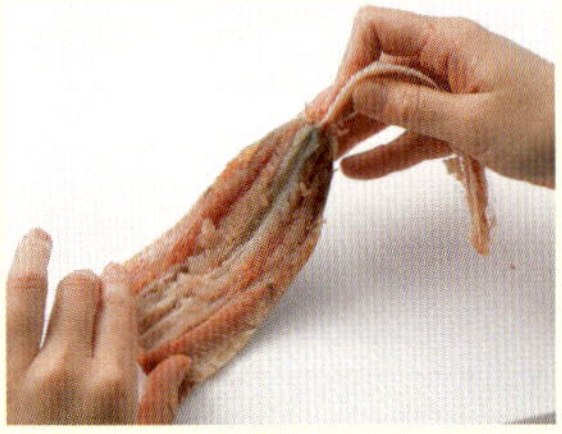

6 尾のところで中骨を折って取る。フライや照り焼きなどに調理する。

7 手開きのできあがり。新鮮なものは刺し身やぬたにしても。

肉

厚切り肉

たたく

厚切り肉は肉たたきや、すりこ木などで全体をたたいて、厚みを均一にする。ステーキなどに。

豚肉

筋切り

脂身と赤身の間の筋を、包丁の刃先でところどころ切っておく。こうすれば肉が縮まないで均一に火が通る。とんかつやソテーに。

鶏肉

厚みを均一にする

鶏もも肉や鶏むね肉の厚みを均一にするには、肉の厚い部分に切り込みを入れて開いていく。照り焼きやチキンかつに。

鶏肉

皮に穴をあける

鶏肉を1枚で焼くときは、皮目にフォークなどで穴をあけておくと味がよくしみ、焼き縮みしない。照り焼きやソテーに。

鶏もも肉

脂を落とす

鶏もも肉は脂っぽくなるのを防ぐために、皮を下にして余分な脂を切り落とす。煮物やから揚げなどに。

鶏ささ身

筋を取る

鶏ささ身は筋の両側に軽く包丁を入れてから、肉を包丁の背で押さえ、筋を引っぱって取る。フライや酒蒸しに。

魚介

いかの下処理

刺し身や揚げ物などには皮をむいて使います。
えんぺらを外したところから一気に
引っぱると、簡単に皮がむけます。

いか

身が透きとおって、つやのあるものが新鮮。刺し身や天ぷらは皮をむくが、煮物などは皮ごと輪切りにして使う。

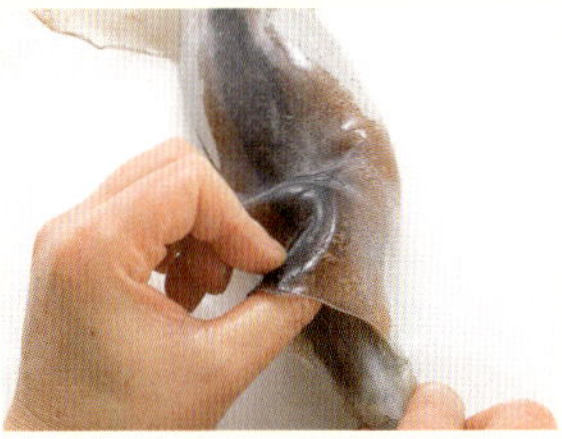

1 胴の中に指を入れ、軟骨についている腹わたを指で動かして外す。

2 左手で胴を持ち、右手で頭を持ってゆっくり引っ張ると、足に続いて腹わたが抜ける。

3 えんぺらと胴の間に指を入れて外し、えんぺらにつなげて皮をむく。残った皮もむき取る。

4 えんぺらの皮目の真ん中に浅く切り目を入れ、左右に開いて皮をむく。

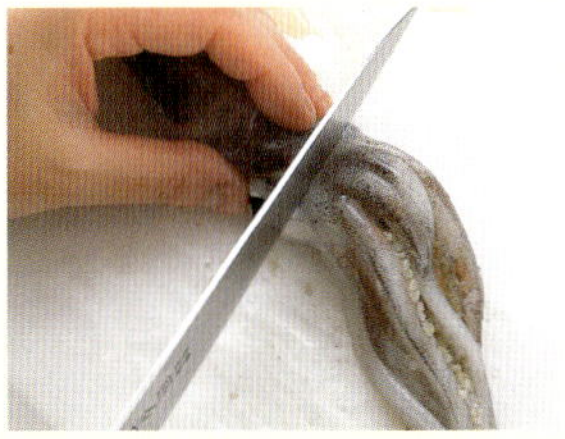

5 目と頭の中ほどに包丁を入れて切り離す。

6 足のつけ根の裏側に、かたいくちばしがあるので、指で押し出すようにして外す。

7 足についているイボ状の吸盤を、包丁の先でこそげ取る。包丁を立てて足先へ向けて動かす。

8 わたを破らないようにわたについているすみ袋を引いて外す。(塩辛などでわたを使う場合)

二枚おろし・三枚おろし

魚の片身を切り離して2枚に分ける二枚おろしと、
中骨も切り離して3枚に分ける三枚おろしは、
すべての魚料理の下ごしらえの基本。

さば

目が澄んで、背が青光りしているものが新鮮。傷みやすいのですぐにおろして冷蔵し、早めに調理する。

1 胸びれの下に包丁を入れて頭を落とす。大きい魚は裏返して反対側からも包丁を入れる。

2 腹を開いてわたを出す。血合いを覆っている膜を中骨に沿って切っておくと開きやすい。

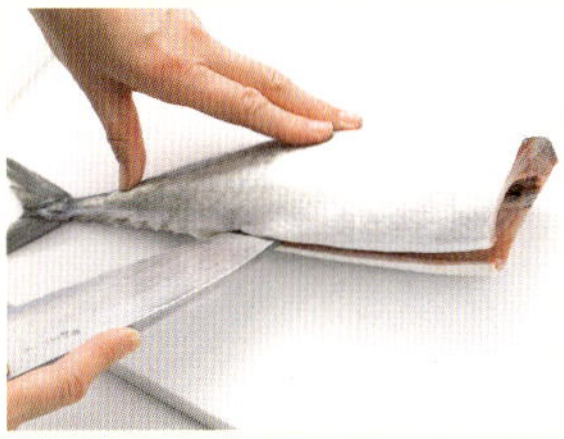

3 水洗いしたら腹を手前にし、頭から尾に向けて包丁を中骨に沿わせて切り開く。

4 向きを変え、背びれの上に包丁を入れ、尾から頭へ向けて切り開く。

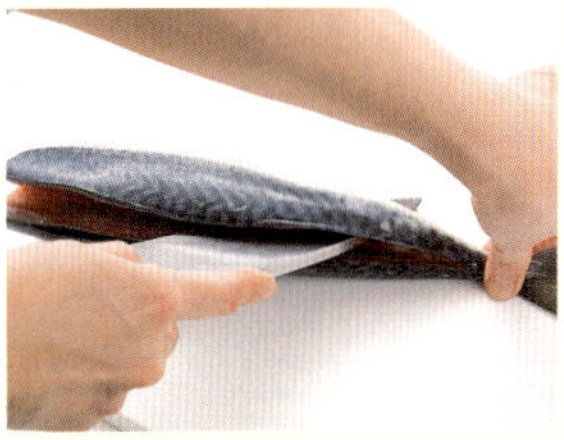

5 尾を持ち、頭側まで切り開いたら尾のつけ根で切り離す。

6 二枚おろしのできあがり。片側に骨をつけたまま、焼き物や煮物などに調理する。

7 中骨つきの身を背側は頭から尾へ、腹側は尾から頭へ開き中骨を離す。

8 三枚おろしのできあがり。刺し身をはじめ、切り身にして調理するすべての料理の基本。

魚介

魚の焼き方

魚の焼き網やグリルはあらかじめよく熱して、さらに油や酢を薄くぬっておくと皮がくっつきません。身が厚い場合は火が通りやすいよう切り目を入れて焼きましょう。

一尾魚の塩焼き（あじ）

1 うろことぜいごを取る。ぜいごは包丁をねかせて頭に向けてそぐとよい（裏も同様にする）。

2 えらぶたのつけ根に包丁を入れ、えらとわたを取り除く。腹の中を流水できれいに洗う。

3 水けを拭き、ざるなどにのせて塩を全体にふる。やや高めからふると均一に行き渡る。10～20分おく。

4 受け皿に水を張り（水のいらない機種もある）、十分に熱しておいたグリルにあじを入れて焼く。

5 焼き色がついたら裏返して中まで焼く。以上は上火のグリル用の焼き方。家庭の器具に合わせて調整を。

焼きあがり

頭が左になるように器に盛り、染めおろしや酢どりしょうがなどを手前に盛る。

切り身魚の塩焼き（さば）

1 さばは食べやすい大きさに切り、火が通りやすいように飾り包丁を入れる。

2 塩をふったら、熱しておいたグリルに入れ、身のほうから焼き（上火の場合）、裏返して焼きあげる。

焼きあがり

器に皮目を上にして盛り、染めおろしなどを添える。

えびの下処理

えびの背わたは忘れずに取りましょう。そのままにしておくと、見た目が悪く、くさみや苦みなどで、味も損なわれます。

えび

ピンとして色つやがよく新鮮なものを選ぶ。有頭で頭が黒くなっているものは鮮度が落ちていので避ける。

1 えびは背が丸くなるように持ち、竹串を背に刺して静かに引き、背わたを取る。料理によっては殻をむいたあと、えびの背に切り目を入れて、背わたをかき出してもよい。

2 腹側から殻をぐるりとむく。天ぷらにする場合は、尾の部分の殻を1節残しておく。尾の先を少し切り落とし、包丁で水分をしごき出しておくと、油はねしない。

霜降り

魚は霜降りをすると、表面の汚れやあくが取れ、調味料がしみやすくなり、すっきりした味に仕上がります。煮物の下ごしらえには欠かせない作業です。

1 熱湯に切り身を入れ、表面が白くなったら引き上げる。

2 氷水か冷水に取り、汚れや血合い、脂などの汚れを取り除く。

3 ペーパータオルで水けを拭く。

卵

温泉卵を作る

1 深さのある厚手の器に、室温に戻した卵（Mサイズ）2個を入れ、沸かしたての熱湯を器いっぱいに注ぐ。器はあらかじめ湯で温めておくとよい。

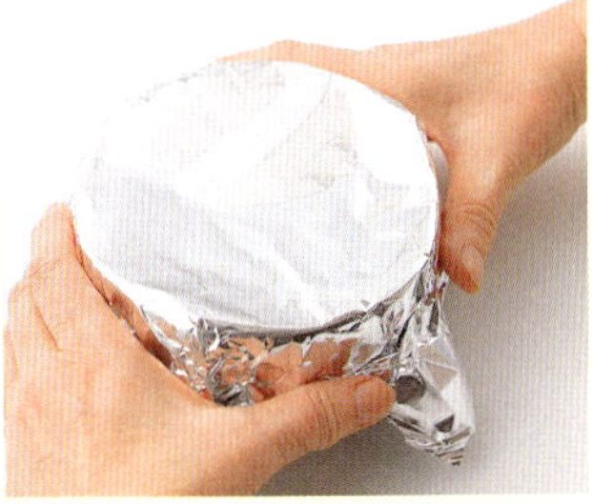

2 アルミ箔でぴっちりふたをかぶせ、そのまま15分おく。

3 湯から引き上げて器などに割り入れる。好みで、だしじょうゆや青のりで食べる。

ゆで時間とゆでかげん

ゆで卵を作る

1 卵はゆでる15分くらい前に冷蔵庫から出して、室温に戻しておくと、ひび割れしにくくなる。

2 小鍋に卵とかぶるくらいの水を入れてゆでる。お湯からゆでるとひび割れしやすいので注意を。

3 塩をひとつまみ入れておくと、ひび割れても白身が流れ出ない。

4 泡がたってきたら、沸騰するまでの間、菜箸でころころ転がすと、黄身が片寄らず真ん中になる。

5 沸騰したら火を弱め、ここから好みの状態にゆでる時間を計り始める。

6 ゆであがったらすぐに冷水に取り、急激に冷ます。こうすると中身が収縮して殻と身の間にすきまができてむきやすくなる。

7 ゆで卵を両手に持ち、ぶつけながら片方の全体にひびを入れ、水につける。これを順番に行う。

8 水の中でむく。殻と身の間に水が入ってむきやすくなる。

野菜の切り方

料理のおいしさを大きく左右する素材の切り方。
大きさや形を正しく切ることで、味や見た目に違いが出ます。

拍子木切り

拍子木の形に似た棒状の切り方。4～5㎝長さで5～10㎜角が目安。大根をはじめ、にんじんやきゅうりなどにも多く使われる。

1 大根は4～5㎝長さの筒形に切って、皮をむく。

2 四方の丸みを切って直方体にする。(家庭ではここは省いてもよい)

3 繊維に沿って7㎜厚さの板状に切る。

4 3を重ね、繊維に沿って同じく7㎜厚さに切っていく。

短冊切り

七夕の短冊の形に似た長方形の薄切り。汁の実や炒め物などに使われる。この形はトッピングの薄焼き卵にも応用できる。

拍子木切りの3までと同じように切る。板状の大根を重ね、繊維に沿って1～2㎜厚さの薄切りにする。

さいの目切り

1辺を1㎝前後のさいころ形にする切り方。じゃがいも、大根、にんじんや、みそ汁の具の豆腐などにも使われる。

じゃがいもは皮をむき、拍子木切りにしたものを5～6本重ね、端から厚みと同じ幅に切っていく。

輪切り

さつまいもやにんじん、大根などの切り口の丸い材料を輪に切っていく切り方。

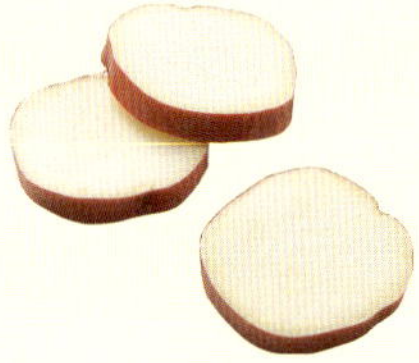

さつまいもは端から使いたい厚さの輪に切っていく。調理によって皮をむく、むかないを決める。長く煮こむ場合は厚切りにする。

半月切り

切り口が丸い材料を半月形に切ったもの。輪切りでは大きすぎるときなどの切り方。

にんじんは縦半分に切る。切り口を下にし、端から使いたい厚さに切っていく。(大きなものは輪切りにしてから半分にしてもよい)

いちょう切り

半月切りをさらに半分に切った形。いちょうの葉に似ているのでこの名がある。根菜のほかにレモンなどにも使われる切り方。

にんじんは縦4つ割りにする。4つ割りの2つを合わせて切り口を下にし、端から使いたい厚さに切っていく。

小口切り

小口とは切り口、物の端の意味。きゅうりや長ねぎなど細長い材料を端から薄切りする切り方。

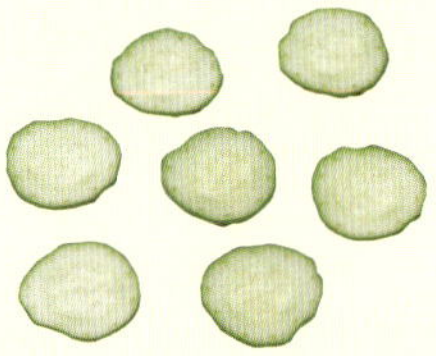

きゅうりは端から厚みをそろえて切っていく。厚みは料理に合わせる。包丁を少し右に傾けて切ると切ったきゅうりが転がらない。

ささがき

ごぼうやにんじんなど細長い野菜を回しながら削るように薄く切っていく切り方。太く短いささがきは鉛筆を削る要領で削り、細く長いささがきにする場合はまな板の上で包丁をねかせて削る。

ごぼうは皮をこそげてまな板の上に置き、左手で回しながら、包丁をねかせて左から右へ削っていく。ごぼうが太い場合は、あらかじめ縦に切り込みを数か所入れておく。

筒切り

長ねぎ、ごぼうなどの長くて切り口が丸い材料を端から3〜5cm長さの円筒状にする切り方。ぶつぶつと切るので「ぶつ切り」ともいう。

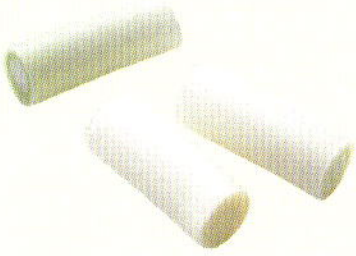

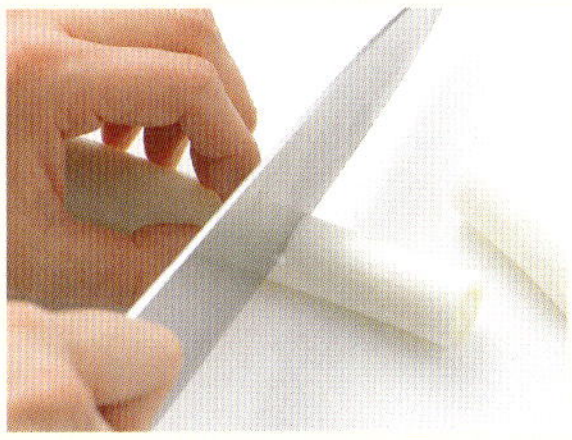

長ねぎは端から3〜5cm長さに切っていく。

斜め切り

丸い断面の野菜を斜めに切って楕円形の薄切りにする切り方。包丁の角度によって切り口の表面積を変えられる。長ねぎ、きゅうりなどに多く使われる。

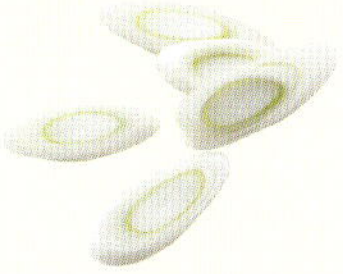

長ねぎは端から包丁を斜めに入れ、使いたい厚さ、長さに切っていく。

細切り、せん切り

細く切ることを細切りといい、とくに細く切ることをせん切りという。繊維に平行に切るとシャキシャキ感があり、横に切ると繊維が断ち切られてしんなりした食感が味わえる。

大根は4〜5cm長さの筒切りにして皮をむき、縦に薄切りにしたら、それを重ねて端から細く切っていく。

斜めせん切り

斜め薄切りにしてからせん切りにする切り方。不ぞろいだが、きゅうりなどは両端に緑の皮が残って美しい。

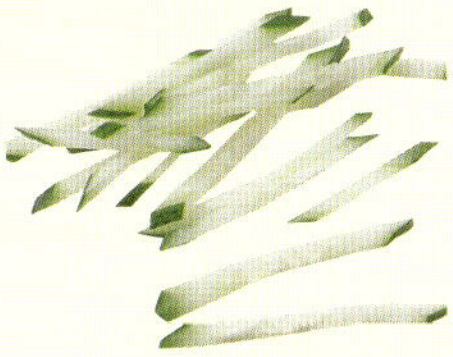

きゅうりは1〜2mm厚さの斜め薄切りにする。長いせん切りにしたければ切り口を大きくするとよい。縦に少しずらして重ね、端から細く切っていく。

乱切り

細長い材料を手前に回しながら切り口がそろわないよう、斜めに包丁を入れる切り方。形は不規則だが、大きさはそろっているのが特徴。「回し切り」ともいう。材料が太い場合は4つ割りにしてから切るとよい。

1 きゅうりはへたを取り、端から斜めに包丁を入れる。

2 手前に回しながら、同じくらいのひと口大になるよう斜めに切っていく。

くし形切り

トマトや玉ねぎなど丸い野菜を中心から放射状に切る方法。髪をとく櫛の形に似ているところからこの名がある。

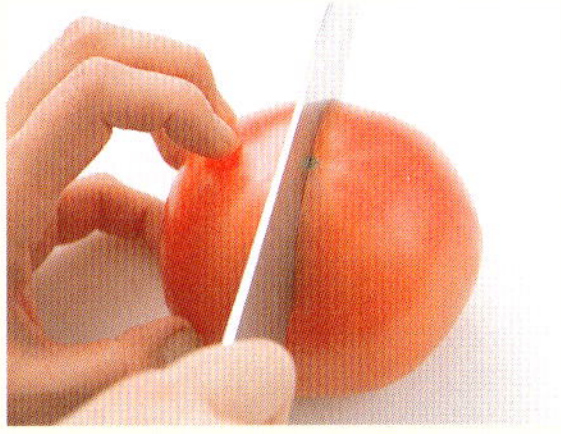

1 トマトはへたを取って縦半分に切る。

2 切り口を上に向けて置き、中心から縦に放射状に3〜4等分する。

ざく切り

ざくざくと大きめに切る切り方で、白菜やキャベツ、青菜など、火の通りやすい葉野菜に多く使う。

1 白菜は、葉とかたい軸をV字形に切り分ける。

2 葉の部分を重ね、おおまかに大きめに切っていく。

そぎ切り

しいたけや白菜の軸などをそぐように切る方法。表面積が大きくなるので火の通りが早くなる。鶏肉などにも使われる。

しいたけは石づきを切り、包丁を斜めにねかせて刃を斜めに入れ、手前に引きながら、そぐように切る。

みじん切り

香りづけに使うしょうがやにんにくなどを、ごく細かく刻む切り方。

1 しょうがは皮をこそげ、ごく細いせん切りにする。

2 端から細かく刻んでいく。

玉ねぎのみじん切り

根元を切り離さずに切り込みを入れて刻むのが効率のよい切り方。包丁はよく切れるものを使うのが原則。

1 縦半分に切り、切り口を下に、根元を向こう側にして置き、根元を切り離さないよう端から縦に細かく切り込みを入れる。

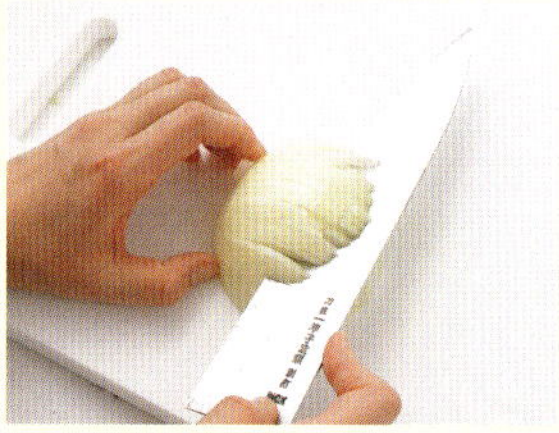

2 次に向きを変えて根元を左側にし、包丁をねかせ、根元を切り離さないよう水平に数本切り込みを入れる。

3 根元をしっかり押さえながら、端から細かく刻んでいく。

4 残った根元の周辺も細かく刻んだら、包丁の先を固定し、刃元を上下左右に動かしながら全体を刻む。こうすると形もそろい、さらに細かくなる。

長ねぎのみじん切り

ほうきのように切り込みを入れると手早くできる。より細かくしたいときは切り込みの幅を狭くし、何本も入れるとよい。

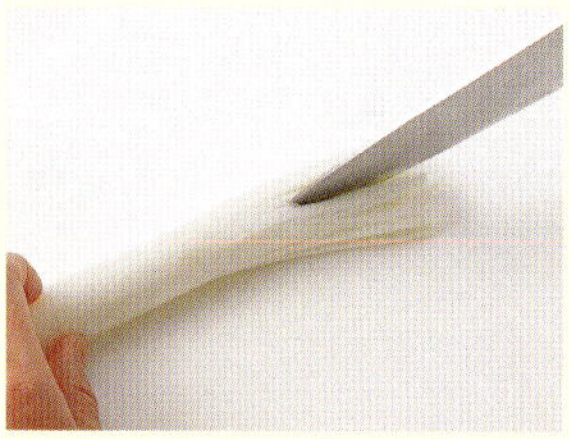

1 必要な分の長さだけ、縦に数か所切り込みを入れる。

2 先端が広がらないように押さえながら、端から細かく切っていく。

キャベツのせん切り

葉をはがして重ね、端からせん切りにする方法が一般的で仕上がりもきれいだが、たくさん使う場合は、4つ割りにして芯を除き、葉先のほうから削るようにせん切りにしてもよい。

1 芯のまわりに切り込みを入れ、必要な枚数だけ1枚ずつ破かないようにはがす。

2 葉芯のかたい部分はそぎ取る。

3 2〜3枚重ねて、切りやすいように筒形に丸める。

4 左手で押さえながら、端からごく細く切っていく。切り終えたら手でほぐしてふんわりさせる。

白髪ねぎ

形状が似ていることから長ねぎのごく細いせん切りを白髪ねぎという。水にさらしてから汁物の吸い口や煮物、和え物の天盛りなどに使う。

1 長ねぎを4〜7cm長さの筒切りにする。縦に1本切り込みを入れて真ん中の黄色い芯を取り除く。

2 白い部分を広げ、表側を上にして重ね（丸まらず切りやすい）、繊維に平行に、端からできるだけ細く切る。

3 冷水に取ってしばらくさらすと、辛みがやわらいでパリッとする。ざるに取り、水けをよく拭く。

小房に分ける

ブロッコリーやカリフラワーなどの大きな房は、小房に切り分ける。花蕾《からい》と太い茎部分を切り分けたら、花蕾の切り口に包丁を入れて食べやすく切り分ける。茎も皮をむいて一口大に切る。

花形れんこん

穴に沿って花びらの形に切ったれんこんは、厚さを変えて煮物や酢ばすに。ステンレスの包丁で、酢水につけながら切ると変色しにくい。

1 皮ごと使いたい厚さの輪切りにする。(薄くするには3cm厚さにしておき、あとで薄く切る)

2 穴と穴の間に左右から斜めに切り込みを入れ、三角に外して丸みをつけながらまわりの皮を花形にむく。

3 酢水につけてさらし、調理する。

じゃばらきゅうり

伸び縮みができて蛇に似ていることから「蛇腹」という。細かに切り目を入れることで、歯ざわりがよく、味もしみこみやすくなるので、漬け物や酢の物などに使われる。

1 両端を切り落とし、下まで切りすぎないよう割り箸2本で挟んで、細かく切り込みを入れる。裏返して同様に切り込みを入れる。

2 ひと口大に切る。

3 塩水につけて、しんなりしたら水けを絞り、好みに調理する。

菊花かぶ

縦横に細かな切り目を入れ、菊の花に見立てたかぶの飾り切り。甘酢につければ、焼き魚のつけ合わせや箸休めに最適。

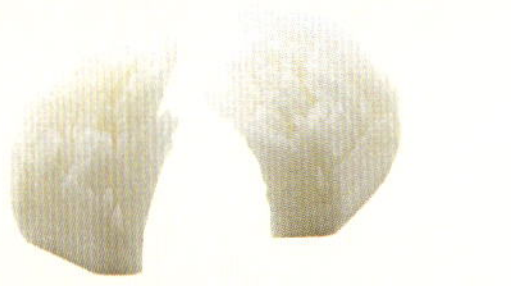

1 皮をむき、すわりがよいように葉つきのほうを少し切り落とし、割り箸2本で挟む。包丁が割り箸に当たるまで縦に細かく切り込みを入れる。

2 向きを変え、格子状に細かく切り込みを入れる。

3 塩水にしばらくつけてしんなりさせ、大きければ好みの大きさに切って甘酢などにつける。(菊花かぶの盛りつけには、赤唐辛子の輪切りやゆず皮などを、花芯に見立てて添えると美しい)

梅形にんじん

鍋物や煮物のアクセントになる梅形にんじん。抜き型で抜く手軽な方法もあるが、包丁を使った切り方も覚えておきたい。

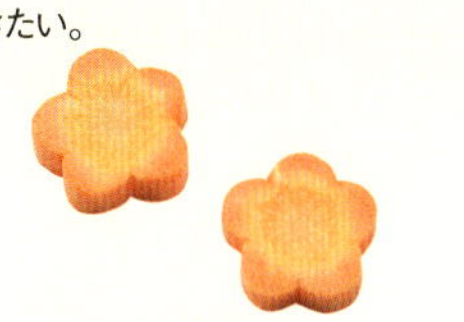

1 3〜5mm厚さの輪切りにし、五角形に切る。

2 1辺の中央にそれぞれ切り込みを入れる。

3 角から切り込みまでを丸みをつけてむいていくと、梅形のできあがり。

ゆず皮

皮についている白いわたには苦みがあるので表面だけを薄くむき、いろいろな形に切って、煮物の天盛りや汁物の吸い口などに使う。

ゆずに包丁を当て、皮だけを薄くむく。へぎゆずは丸くそぎ、ほかは長くむき取ってから切る。

花切りしいたけ

しいたけを切らずに鍋物や煮物に使う場合は、飾り包丁を入れると華やかになり、味もしみこみやすい。

石づきを切り取り、傘の汚れをペーパータオルなどで拭いたら、放射状にV字に切り込みを入れる。

ご飯を土鍋で炊く

土鍋は底の広いものを選ぶと、
お米の表面積が広くなり、空気にふれやすく、つやがよくなります。

1 吸水させる

といだ米に新しい水を入れて吸水させる。新米の場合は10分程度、新米以外は15分を目安におく。水を吸ったらざるに上げて、水けをきる。15分程度おくと、表面の水けがちょうどよく米に浸透する。

2 炊く

土鍋に米と同量（新米は同量弱）の水を加えてふたをし、沸騰するまで強火で7分加熱。ふたにアルミ箔を挟めば、ふきこぼれが防げる。沸騰したら火を弱めて7分。表面の水分がなくなったら、さらに弱めて7分。最後は焦げつかないよう、ごく弱火で5分加熱。

3 蒸らす

炊きあがったら、少し残っている水分や蒸気がご飯に吸収されるよう、5分間おいて、蒸らす。

4 さっくりと混ぜる

しゃもじを使い、全体が均一になるようにさっくりと上下を返して混ぜ、余分な蒸気を逃すと、ご飯につやが出る。

5 ぬれぶきんをかける

ふたについた水分が落ちないように、かたく絞ったぬれぶきんをかぶせ、その上からふたをしておく。　（野崎）

すし飯の作り方

材料（作りやすい分量）

米……3合

合わせ酢
- 酢……90mℓ
- 砂糖……60〜70g
- 塩……15〜20g
- 昆布……5g

作り方

1 ご飯を炊く

米はやさしく洗い、水に40分つけて吸水させる。ざるに上げ、10分おく。炊飯器の内釜に入れ、すし飯の目盛まで水を注いでふつうに炊く。あれば早炊きモードを使う。

2 合わせ酢を作る

鍋に合わせ酢の材料を合わせて中火にかけ、砂糖を溶かし、ボウルに移す。

3 合わせ酢を加える

ボウルに炊きあがったご飯を入れ、合わせ酢を回しかける。

4 混ぜる

底からすくうように混ぜ、合わせ酢をご飯になじませる。

5 冷ます

平らなバットに移し、乾燥しないように、水でぬらしてかたく絞ったぬれぶきんをかけておく。　（高井）

つゆと合わせ酢早見表

めんつゆは煮物などにも
使える万能調味料。
合わせ酢は好みで薬味を加えて
アレンジを。（上村）

みぞれ酢

材料（2カップ弱分）

A
- 砂糖……大さじ2
- 酢……大さじ3
- みりん……大さじ1
- だし汁……大さじ3～4
- 塩……少々

大根おろし……1カップ

作り方
小鍋にAを入れ、ひと煮たちしたら冷まし、水けを軽くきった大根おろしとよく混ぜ合わせる。

使い方
かきやくらげ、なまこなどの魚介類や蒸し鶏に合う。

寄せ鍋つゆ

材料（4人分）
水……5カップ
昆布……5㎝角2枚
酒……½カップ
みりん……大さじ2
薄口しょうゆ……⅓カップ

作り方
土鍋に水と昆布を入れて中火にかけ、煮たつ直前に昆布を引き上げたら、酒、みりん、薄口しょうゆを加えてひと煮する。

甘酢

材料（½カップ強分）
酢……大さじ4
砂糖……大さじ2～3
塩……小さじ⅔

作り方
すべての材料をよく混ぜ合わせる。

使い方
甘みが強いので野菜に合う。とくに大根、かぶ、しょうが、れんこんなどと相性がよい。

すき焼き割り下

材料（7～8人分）
みりん……1カップ
酒……1カップ
だし汁……2カップ
しょうゆ……1カップ
砂糖……大さじ6

作り方
小鍋にみりんを中火で煮たてて酒を加え、だし汁、しょうゆ、砂糖を加えてひと煮たちさせる。

めんつゆ

材料（3カップ分）
みりん……½カップ
しょうゆ……½カップ
だし汁……2カップ

作り方
鍋にみりんを入れて中火で煮たてアルコール分をとばし、しょうゆとだし汁を加え、煮たつ直前に火を止める。

使い方
かけつゆは同量のだし汁でのばす。

ポン酢

材料（4人分）
柑橘類の搾り汁……大さじ2
しょうゆ……大さじ3
だし汁……大さじ2

作り方
すべての材料をよく混ぜ合わせる。

使い方
水炊きなどの鍋物のたれや魚の薄造りなどに。柑橘類は、すだちやゆず、だいだいなど、季節や好みに応じて使い分ける。

二杯酢

材料（¾カップ分）
酢……大さじ4
しょうゆ……大さじ4
だし汁……大さじ2

作り方
すべての材料をよく混ぜ合わせる。

使い方
甘みなしのさっぱり味。魚介の酢の物や、わかめやもずくなどの海藻を使った小鉢によく合う。

天つゆ

材料（4人分）
みりん……¼カップ
しょうゆ……¼カップ
だし汁（かつおだし）……1カップ

作り方
小鍋にみりんを入れて中火で煮たて、アルコール分をとばして、しょうゆ、だし汁を加えてひと煮する。

土佐酢

材料（4人分）
みりん……大さじ3
しょうゆ……½カップ
酢……大さじ3
削り節……20g

作り方
小鍋にみりんを入れて中火にかけ、アルコール分をとばし、しょうゆ、酢、削り節を加えてひと煮する。冷めたらこす。

使い方
酢締めにした魚介類の小鉢や長いもの酢の物などに合う。

三杯酢

材料（1カップ分）
酢……大さじ9
しょうゆ……大さじ3
砂糖……大さじ2

作り方
すべての材料をよく混ぜ合わせて砂糖を溶かす。

使い方
まろやかな味で、野菜、魚介、海藻など、酢の物全般に合う。

おでんづゆ

材料（4人分）
だし汁……5カップ
みりん……大さじ3～4
しょうゆ……大さじ3～4
塩……小さじ½

作り方
だし汁を中火で煮たて、ほかの材料を加えて混ぜ、火を止める。練り製品が多いときは塩の量を控えめにする。

材料別インデックス

主菜向きの大きなおかずには 主菜 、副菜向きの小さなおかずには 副菜 、汁物には 汁物 、ご飯物、めん料理などには 主食 というマークをつけています。献立作りの参考にしてください。

いかと香味野菜の梅じょうゆ炒め 主菜 103
いか丼 主食 164
いかのわた煮 主菜 92
刺し身の盛り合わせ 主菜 180
たこといかのカルパッチョ 主菜 109
ほたるいかの串焼き 主菜 102

いさき

いさきの香り蒸し 主菜 108

いわし

いわしの梅煮 主菜 28
いわしのつみれ汁 汁物 154

うなぎ

うなぎとなすのスタミナ焼き 主菜 101
うなぎとみょうがの卵とじ 主菜 111
うなぎの煮そうめん 主食 168
うなきゅう 副菜 138
枝豆とうなぎの卵とじ丼 主食 163

えび

枝豆とえびの混ぜご飯 主食 160
えびだんごととうがんの冷やし鉢 主菜 95
えびと長いものコロッケ 主菜 107
えびの白ごま揚げ 主菜 196
きのこのかき揚げ
おろしあんかけ丼 主食 164
串揚げ 主菜 178
ちらしずし 主食 186
天ぷら 主菜 38
豆腐のさつま揚げ風 主菜 115
太巻きずし 主食 190

かつお

かつおと納豆丼 主食 165
かつおと焼きなすの辛子ポン酢 主菜 109
かつおのみそかつ 主菜 105

かます

かますの焼きびたし 主菜 99

かれい

かれいの煮つけ 主菜 30

きす

天ぷら 主菜 38

肉じゃが 主菜 12
煮豚 主菜 66
にんじん入り豚天 主菜 85
豚肉入り五目豆 主菜 67
豚肉といんげんのごま天 主菜 85
豚肉とキャベツのしょうが蒸し 主菜 87
豚肉とごぼう、みょうがの赤だし 汁物 154
豚肉となすのうどん 主食 166
豚肉となすのみそ炒め 主菜 79
豚肉と白菜のみそ汁 汁物 150
豚肉と水菜のさっと煮 主菜 71
豚肉のしょうが焼き 主菜 14
豚の角煮 主菜 67
豚ばら肉と里いもの
ゆずこしょう風味煮 主菜 71
焼きなすの甘酢だれ 副菜 120
れんこんの豚肉巻き 主菜 73

ひき肉

かぶのそぼろ煮 主菜 68
高野豆腐の肉詰め煮 主菜 113
ごぼうつくね 主菜 76
三色丼 主食 163
たけのこ入り鶏つくね煮 主菜 69
鶏つくねハンバーグ 主菜 20
肉詰めピーマン 主菜 74
ひき肉と長いもの信田《しのだ》巻き 主菜 70
ほうれん草たっぷりのメンチかつ 主菜 81
もやしのひき肉炒め 副菜 124
れんこんの挟み焼き 主菜 73

魚介

あさり

あさりの酒蒸し 主菜 108
うのはな 副菜 140

あじ

あじの香味フライ 主菜 105
あじの刺し身丼 主食 165
あじの南蛮漬け 主菜 36
刺し身の盛り合わせ 主菜 180

あなご

あなごのしそ天 主菜 107

いか

いかじゃが 主菜 93

肉

牛肉

牛ステーキの長いもソースがけ 主菜 77
牛丼 主食 162
牛肉と新じゃがのうま煮 主菜 64
牛肉とスナップえんどうの卵炒め 主菜 78
牛肉と長ねぎの粉山椒炒め 主菜 79
牛肉のしぐれ煮 主菜 24
牛肉のたたき 主菜 176
牛肉のねぎ包み焼き 主菜 77
牛肉の冷しゃぶ 主菜 86
牛ばらうどん 主食 168
すき焼き 主菜 170
肉豆腐 主菜 22

鶏肉

親子丼 主食 50
かやくご飯 主食 52
串揚げ 主菜 178
塩昆布巻き鶏の野菜巻き 主菜 86
炊きおこわ 主食 159
筑前煮 主菜 16
鶏手羽先と皮つき根菜のつけ揚げ 主菜 80
鶏手羽先とれんこんの黒酢煮 主菜 65
鶏手羽先のみそ煮こみ 主菜 69
鶏肉とふきの炒め物 主菜 78
鶏肉のから揚げ 主菜 18
鶏肉のしそ天ぷら 主菜 83
鶏肉の照り焼き 主菜 72
鶏肉の南蛮漬け 主菜 196
鶏肉のほお葉焼き 主菜 75
鶏の水炊き 主菜 174
ゆで鶏ときゅうりの
レモンごまだれめん 主食 167

豚肉

薄切りとんかつ 主菜 82
串揚げ 主菜 178
ゴーヤーチャンプルー 主菜 112
ゴーヤーの肉巻き天ぷら 主菜 84
さつまいもと豚ばらの煮物 副菜 117
沢煮椀 汁物 153
塩蒸し豚 主菜 87
たけのことせりのしょうゆ炒め 副菜 122
たけのこの豚肉巻きフライ 主菜 83
豚汁 汁物 54

ちりめんじゃこ
カリカリじゃこのせ香味混ぜご飯 主食 161
キャベツとじゃこのかき揚げ 副菜 126
パプリカとじゃこの炒め物 副菜 125
ピーマンとじゃこの酢びたし 副菜 138
豆とじゃこの炊きこみご飯 主食 156

はんぺん
伊達巻き 副菜 194

野菜

青じそ
あなごのしそ天 主菜 107
白身魚の薬味みそ焼き 主菜 101
鶏肉のしそ天ぷら 主菜 83
なすの青じそ巻き揚げ 副菜 127

あしたば
あしたばのとろとろおひたし 副菜 131

うど
うどの丸ごときんぴら 副菜 122
さわらと野菜の焼きびたし 主菜 99

枝豆
枝豆とうなぎの卵とじ丼 主食 163
枝豆とえびの混ぜご飯 主食 160
ひじきとちくわの酢の物 副菜 139

オクラ
オクラと長いもともずくの酢の物 副菜 139
とうもろこしとオクラ、
みょうがのみそ汁 汁物 149
みょうがとオクラの甘酢漬け 副菜 147
野菜の揚げびたし 副菜 185

かぶ
かぶのそぼろ煮 主菜 68
菊花かぶ 副菜 144
根菜のみそ汁 汁物 151
ぶりとかぶの煮物 主菜 94
和風ピクルス 副菜 145

かぼちゃ
かぼちゃのいとこ煮 副菜 142
かぼちゃの甘煮 副菜 116
ごちそう茶碗蒸し 副菜 182
さんまとかぼちゃの竜田揚げ 主菜 104
野菜の揚げびたし 副菜 185
和風ピクルス 副菜 145

ぶり
ぶり大根 主菜 32
ぶりとかぶの煮物 主菜 94
ぶりの照り焼き 主菜 197
ぶりのふんわり衣揚げ 主菜 106
ぶりのみそ漬け焼き 主菜 96

ほたて
串揚げ 主菜 178
刺し身の盛り合わせ 主菜 180
せりとほたての混ぜご飯 主食 160
ほたてととうもろこしの
バターじょうゆ炒め 主菜 103

まぐろ
刺し身の盛り合わせ 主菜 180
わけぎとまぐろのぬた 副菜 135

めかじき
白身魚の薬味みそ焼き 主菜 101
めかじきの照り焼き 主菜 34

魚介加工品

あじの干物
冷や汁 汁物 155

いくら
大根ご飯のいくらのせ 主食 158

かまぼこ
市松かまぼこ 副菜 195

こうなご
くるみこうなご 副菜 141

ごまめ
田作り 副菜 195

さつま揚げ
小松菜とさつま揚げのみそ汁 汁物 151

しらす干し
にんじんとしらすのマリネ 副菜 146
ブロッコリーと長いものしらす和え 副菜 135

たらこ
にんじんのたらこ炒め 副菜 124

ちくわ
ちくわとアスパラガスの照り焼き 副菜 121
ひじきとちくわの酢の物 副菜 139

きんめだい
きんめだいと豆腐の煮物 主菜 90

さけ
さけとキャベツの
ちゃんちゃん焼き風 主菜 100
さけとじゃがいも、玉ねぎのみそ汁 汁物 150
塩ざけと大根のあっさり煮 主菜 90
塩ざけと大根の粕汁 汁物 155

さば
揚げさばの染めおろし 主菜 106
さばのみそ煮 主菜 26
焼きさばとごぼう、ねぎの煮物 主菜 89

さわら
さわらと玉ねぎの塩しょうが煮 主菜 94
さわらと野菜の焼きびたし 主菜 99
さわらのみそマヨ焼き 主菜 97

さんま
さんまだんごとじゃがいものみそ煮 主菜 95
さんまとかぼちゃの竜田揚げ 主菜 104
さんまと昆布の梅煮 主菜 91
さんまとれんこんの酢じょうゆ煮 主菜 91
さんまのかば焼き 主菜 98
さんまのごま焼き 主菜 100

ししゃも
ししゃもの焼き南蛮漬け 主菜 102

白身魚
白身魚の薬味みそ焼き 主菜 101
天ぷら 主菜 38

すずき
すずきの酒塩焼きみどりソース添え 主菜 97

たい
刺し身の盛り合わせ 主菜 180
たいのあら汁 汁物 152
たいのあら煮 主菜 88
たいのおぼろ昆布巻き 主菜 197

たこ
きゅうりとたこの酢の物 副菜 45
たこといかのカルパッチョ 主菜 109

はまぐり
はまぐりと菜の花のすまし汁 汁物 152
はまぐり飯 主食 158

きのこのかき揚げおろしあんかけ丼 主食 164
紅白なます 副菜 197
塩ざけと大根のあっさり煮 主菜 90
塩ざけと大根の粕汁 汁物 155
せん切り大根の梅サラダ 副菜 133
大根ご飯のいくらのせ 主食 158
豚汁 汁物 54
ひらひら大根とにんじんの甘酢 副菜 147
ぶり大根 主菜 32
ふろふき大根 副菜 118
焼き里いものおろしのせ 副菜 120
焼き大根の温サラダ 副菜 121
やまといもの落とし揚げみぞれあん 副菜 129
ゆずと大根の甘酢 副菜 146

たけのこ
さわらと野菜の焼きびたし 主菜 99
たけのこ入り鶏つくね煮 主菜 69
たけのこご飯 主食 156
たけのことせりのしょうゆ炒め 副菜 122
たけのことわかめのみそ汁 汁物 148
たけのこの豚肉巻きフライ 主菜 83

玉ねぎ
さけとじゃがいも、玉ねぎのみそ汁 汁物 150
さわらと玉ねぎの塩しょうが煮 主菜 94
野菜の揚げびたし 副菜 185

とうがん
えびだんごととうがんの冷やし鉢 主菜 95
とうがんとしょうがのみそ汁 汁物 149

とうもろこし
とうもろこしとオクラ、みょうがのみそ汁 汁物 149
ほたてととうもろこしのバターじょうゆ炒め 主菜 103

トマト
トマトの冷たいみそ汁 汁物 149

なす
揚げなすの山かけ 副菜 128
うなぎとなすのスタミナ焼き 主菜 101
かつおと焼きなすの辛子ポン酢 主菜 109
なすとまいたけの油煮 副菜 119
なすの青じそ巻き揚げ 副菜 127
鍋しぎ 副菜 123
豚肉となすのうどん 主食 166
豚肉となすのみそ炒め 主菜 79

たたきごぼうのごま酢和え 副菜 136
手綱《たづな》こんにゃくとささごぼうの含め煮 副菜 141
筑前煮 主菜 16
鶏手羽先と皮つき根菜のつけ揚げ 主菜 80
煮しめ 副菜 198
豚肉とごぼう、みょうがの赤だし 汁物 154
焼きさばとごぼう、ねぎの煮物 主菜 89

小松菜
小松菜と油揚げの煮びたし 副菜 118
小松菜とさつま揚げのみそ汁 汁物 151
小松菜の豆腐あんかけ 主菜 115

さやいんげん
さやいんげんのつくだ煮 副菜 143
豚肉といんげんのごま天 主菜 85

ししとうがらし
簡単南蛮みそ 副菜 143

春菊
すき焼き 主菜 170
ゆでキャベツの梅サラダ 副菜 133

しょうが
牛肉のしぐれ煮 主菜 24
ゴーヤーのしょうが酢 副菜 138
さわらと玉ねぎの塩しょうが煮 主菜 94
新しょうがご飯 主食 157
とうがんとしょうがのみそ汁 汁物 149
豚肉とキャベツのしょうが蒸し 主菜 87
豚肉のしょうが焼き 主菜 14

ズッキーニ
野菜の揚げびたし 副菜 185

せり
せりとほたての混ぜご飯 主食 160
たけのことせりのしょうゆ炒め 副菜 122

セロリ
いさきの香り蒸し 主菜 108
セロリとねぎの炒めそうめん 主食 167
和風ピクルス 副菜 145

そら豆
蒸しなすのそら豆ずんだ和え 副菜 137

大根
揚げさばの染めおろし 主菜 106
えのきとわかめのおろし和え 副菜 134
おでん 主菜 172

カリフラワー
カリフラワーの黄身酢和え 副菜 137

絹さやえんどう／スナップえんどう
絹さやのおかか煮 副菜 116
牛肉とスナップえんどうの卵炒め 主菜 78
三色丼 主食 163
新じゃがと絹さやのみそ汁 汁物 148
煮しめ 副菜 198

キャベツ
キャベツとじゃこのかき揚げ 副菜 126
さけとキャベツのちゃんちゃん焼き風 主菜 100
鶏の水炊き 主菜 174
春キャベツと豆腐のみそ汁 汁物 148
豚肉とキャベツのしょうが蒸し 主菜 87
ゆでキャベツの梅サラダ 副菜 133

きゅうり
うなきゅう 副菜 138
きゅうりとごまの和えそば 主食 166
きゅうりとたこの酢の物 副菜 45
きゅうりの塩昆布茶漬け 副菜 147
すずきの酒塩焼きみどりソース添え 主菜 97
たたききゅうりのとろろ昆布和え 副菜 137
ゆで鶏ときゅうりのレモンごまだれめん 主食 167
和風ピクルス 副菜 145

グリーンアスパラガス
アスパラガスとにんじんの焼きびたし 副菜 121
アスパラガスの昆布締め 副菜 130
ちくわとアスパラガスの照り焼き 副菜 121
ほたてととうもろこしのバターじょうゆ炒め 主菜 103

グリンピース
豆とじゃこの炊きこみご飯 主食 156

クレソン
いさきの香り蒸し 主菜 108

ゴーヤー
ゴーヤーチャンプルー 主菜 112
ゴーヤーのしょうが酢 副菜 138
ゴーヤーの肉巻き天ぷら 主菜 84

ごぼう
きんぴら 副菜 47
ごぼうつくね 主菜 76
根菜のみそ汁 汁物 151

わけぎ

わけぎとまぐろのぬた 副菜 135

いも

さつまいも

栗きんとん 副菜 195
さつまいもとおからのサラダ 副菜 132
さつまいもと豚ばらの煮物 副菜 117
さつまいもと細ねぎのみそ汁 汁物 150
さつまいものレモン煮 副菜 142

里いも

揚げ里いもと青ねぎの混ぜご飯 主食 161
根菜のみそ汁 汁物 151
里いもとちくわぶのみそ汁 汁物 151
里いもと長ねぎのサラダ 副菜 132
里いもの煮っころがし 副菜 48
筑前煮 主菜 16
煮しめ 副菜 198
豚ばら肉と里いもの
ゆずこしょう風味煮 主菜 71
焼き里いものおろしのせ 副菜 120

じゃがいも

いかじゃが 主菜 93
牛肉と新じゃがのうま煮 主菜 64
さけとじゃがいも、玉ねぎのみそ汁 汁物 150
さんまだんごとじゃがいものみそ煮 主菜 95
じゃがいもと三つ葉のかき揚げ 副菜 126
じゃがいもの梅きんぴら 副菜 123
新じゃがと絹さやのみそ汁 汁物 148
新じゃがの煮っころがし 副菜 117
肉じゃが 主菜 12

長いも

揚げなすの山かけ 副菜 128
えびと長いものコロッケ 主菜 107
オクラと長いもともずくの酢の物 副菜 139
牛ステーキの長いもソースがけ 主菜 77
長いもとしいたけの香り炒め 副菜 125
ひき肉と長いもの信田《しのだ》巻き 主菜 70
ブロッコリーと長いものしらす和え 副菜 135
棒長いものわさびじょうゆ漬け 副菜 146

やまといも

やまといもオムレツの
きのこあんかけ 主菜 111
やまといもの磯辺揚げ 副菜 129
やまといもの落とし揚げ
みぞれあん 副菜 129
野菜の揚げびたし 副菜 185
和風ピクルス 副菜 145

ふき

鶏肉とふきの炒め物 主菜 78
ふきとしらたきのきんぴら 副菜 125
ふきの炊きこみご飯 主食 157

ブロッコリー

にんじんとブロッコリーの白和え 副菜 134
ブロッコリーと長いものしらす和え 副菜 135

ほうれん草

ほうれん草たっぷりのメンチかつ 主菜 81
ほうれん草のおひたし 副菜 44
ほうれん草のごま和え 副菜 136

水菜

豚肉と水菜のさっと煮 主菜 71

三つ葉

うなぎの煮そうめん 主食 168
親子丼 主食 50
じゃがいもと三つ葉のかき揚げ 副菜 126

みょうが

いさきの香り蒸し 主菜 108
うなぎとみょうがの卵とじ 主菜 111
白身魚の薬味みそ焼き 主菜 101
とうもろこしとオクラ、
みょうがのみそ汁 汁物 149
豚肉とごぼう、みょうがの赤だし 汁物 154
みょうがとオクラの甘酢漬け 副菜 147
みょうがの甘酢漬け 副菜 145
もずくとみょうがのみそ汁 汁物 149

もやし

ピーマンともやしのおひたし 副菜 130
もやしのひき肉炒め 副菜 124

れんこん

きんぴら 副菜 47
さんまとれんこんの酢じょうゆ煮 主菜 91
筑前煮 主菜 16
鶏手羽先と皮つき根菜のつけ揚げ 主菜 80
鶏手羽先とれんこんの黒酢煮 主菜 65
煮しめ 副菜 198
野菜の揚げびたし 副菜 185
れんこんとめかぶの酢の物 副菜 139
れんこんの挟み焼き 主菜 73
れんこんの豚肉巻き 主菜 73
蒸しなすのそら豆ずんだ和え 副菜 137
焼きなすの甘酢だれ 副菜 120
野菜の揚げびたし 副菜 185

菜の花

はまぐりと菜の花のすまし汁 汁物 152

にら

にらと温泉卵のみそ汁 汁物 148
ふんわりにら玉 主菜 110

にんじん

アスパラガスとにんじんの
焼きびたし 副菜 121
切り昆布とにんじんの梅煮 副菜 143
きんぴら 副菜 47
紅白なます 副菜 197
筑前煮 主菜 16
鶏の水炊き 主菜 174
豚汁 汁物 54
煮しめ 副菜 198
にんじん入り豚天 主菜 85
にんじんとしらすのマリネ 副菜 146
にんじんとブロッコリーの白和え 副菜 134
にんじんのたらこ炒め 副菜 124
ひらひら大根とにんじんの甘酢 副菜 147

ねぎ

揚げ里いもと青ねぎの混ぜご飯 主食 161
いさきの香り蒸し 主菜 108
炒めねぎうどん 主食 168
牛肉と長ねぎの粉山椒炒め 主菜 79
牛肉のねぎ包み焼き 主菜 77
さつまいもと細ねぎのみそ汁 汁物 150
里いもと長ねぎのサラダ 副菜 132
すき焼き 主菜 170
セロリとねぎの炒めそうめん 主食 167
焼きさばとごぼう、ねぎの煮物 主菜 89

白菜

すき焼き 主菜 170
白菜のはちみつゆず風味 副菜 144
豚肉と白菜のみそ汁 汁物 150
焼き大根の温サラダ 副菜 121

パプリカ、ピーマン

鍋しぎ 副菜 123
肉詰めピーマン 主菜 74
パプリカとじゃこの炒め物 副菜 125
ピーマンとこんにゃくの雷炒め 副菜 124
ピーマンとじゃこの酢びたし 副菜 138
ピーマンともやしのおひたし 副菜 130

黒豆
黒豆 副菜 194

大豆
大豆のかき揚げ 副菜 127
豚肉入り五目豆 主菜 67

大豆加工品

油揚げ
いなりずし 主食 188
菊花としめじと油揚げのおひたし 副菜 131
きのこと油揚げのみそ汁 汁物 150
小松菜と油揚げの煮びたし 副菜 118
ひき肉と長いもの信田《しのだ》巻き 主菜 70

おから
うのはな 副菜 140
さつまいもとおからのサラダ 副菜 132

豆腐
揚げ出し豆腐 副菜 128
お好み冷ややっこ 副菜 184
きんめだいと豆腐の煮物 主菜 90
けんちん汁 汁物 56
ゴーヤーチャンプルー 主菜 112
小松菜の豆腐あんかけ 主菜 115
五目いり豆腐 副菜 119
自家製がんもどき 主菜 114
白和え 副菜 46
すき焼き 主菜 170
豆腐のお好み焼き風 主菜 114
豆腐のさつま揚げ風 主菜 115
肉豆腐 主菜 22
にんじんとブロッコリーの白和え 副菜 134
春キャベツと豆腐のみそ汁 汁物 148
焼き豆腐とえのきたけのみそ汁 汁物 151

納豆
かつおと納豆丼 主食 165
めかぶと納豆の和え物 副菜 136

その他

梅干し
いかと香味野菜の梅じょうゆ炒め 主菜 103
いわしの梅煮 主菜 28
切り昆布とにんじんの梅煮 副菜 143
さんまと昆布の梅煮 主菜 91
じゃがいもの梅きんぴら 副菜 123
せん切り大根の梅サラダ 副菜 133
ゆでキャベツの梅サラダ 副菜 133

海藻

めかぶ
あしたばのとろとろおひたし 副菜 131
めかぶと納豆の和え物 副菜 136
れんこんとめかぶの酢の物 副菜 139

もずく
オクラと長いもともずくの酢の物 副菜 139
もずくとみょうがのみそ汁 汁物 149

わかめ
えのきとわかめのおろし和え 副菜 134
きゅうりとたこの酢の物 副菜 45
たけのことわかめのみそ汁 汁物 148

乾物、豆

かんぴょう
太巻きずし 主食 190

切り干し大根
切り干し大根煮 副菜 140
豚肉と水菜のさっと煮 主菜 71

高野豆腐
高野豆腐の肉詰め煮 主菜 113

昆布・昆布加工品
アスパラガスの昆布締め 副菜 130
おでん 主菜 172
きゅうりの塩昆布茶漬け 副菜 147
切り昆布とにんじんの梅煮 副菜 143
さんまと昆布の梅煮 主菜 91
塩昆布巻き鶏の野菜巻き 主菜 86
たいのおぼろ昆布巻き 主菜 197
たたききゅうりのとろろ昆布和え 副菜 137
煮しめ 副菜 198

ひじき
自家製がんもどき 主菜 114
ひじきとちくわの酢の物 副菜 139
ひじきの煮物 副菜 49

干ししいたけ
ちらしずし 主食 186
煮しめ 副菜 198

あずき
かぼちゃのいとこ煮 副菜 142
簡単お赤飯 主食 159

金時豆
金時豆の甘煮 副菜 142

きのこ

えのきたけ
えのきとわかめのおろし和え 副菜 134
きのこと油揚げのみそ汁 汁物 150
豚汁 汁物 54
焼き豆腐とえのきたけのみそ汁 汁物 151

エリンギ
野菜の揚げびたし 副菜 185

しいたけ
きのこと油揚げのみそ汁 汁物 150
すき焼き 主菜 170
筑前煮 主菜 16
長いもとしいたけの香り炒め 副菜 125

しめじ
菊花としめじと油揚げのおひたし 副菜 131
きのこのかき揚げ
おろしあんかけ丼 主食 164
牛丼 主食 162
鶏の水炊き 主菜 174

なめこ
やまといもの落とし揚げ
みぞれあん 副菜 129

まいたけ
鶏肉のほお葉焼き 主菜 75
なすとまいたけの油煮 副菜 119
やまといもオムレツの
きのこあんかけ 主菜 111

卵
うなぎとみょうがの卵とじ 主菜 111
枝豆とうなぎの卵とじ丼 主食 163
おでん 主菜 172
親子丼 主食 50
かきたま汁 汁物 153
カリフラワーの黄身酢和え 副菜 137
牛肉とスナップえんどうの卵炒め 主菜 78
ごちそう茶碗蒸し 副菜 182
三色丼 主食 163
だし巻き卵 副菜 40
伊達巻き 副菜 194
茶碗蒸し 副菜 42
ちらしずし 主食 186
にらと温泉卵のみそ汁 汁物 148
ふんわりにら玉 主菜 110
やまといもオムレツの
きのこあんかけ 主菜 111

とうもろこしとオクラ、みょうがのみそ汁 汁物 149
トマトの冷たいみそ汁 汁物 149
豚汁 汁物 54
にらと温泉卵のみそ汁 汁物 148
春キャベツと豆腐のみそ汁 汁物 148
冷や汁 汁物 155
豚肉とごぼう、みょうがの赤だし 汁物 154
豚肉と白菜のみそ汁 汁物 150
もずくとみょうがのみそ汁 汁物 149
焼き豆腐とえのきたけのみそ汁 汁物 151

すまし汁

かきたま汁 汁物 153
けんちん汁 汁物 56
沢煮椀 汁物 153
たいのあら汁 汁物 152
はまぐりと菜の花のすまし汁 汁物 152

鍋物

おでん 主菜 172
すき焼き 主菜 170
鶏の水炊き 主菜 174

おせち

市松かまぼこ 副菜 195
えびの白ごま揚げ 主菜 196
関西風雑煮 汁物 199
関東風雑煮 汁物 199
栗きんとん 副菜 195
黒豆 副菜 194
紅白なます 副菜 197
たいのおぼろ昆布巻き 主菜 197
田作り 副菜 195
伊達巻き 副菜 194
鶏肉の南蛮漬け 主菜 196
煮しめ 副菜 198
ぶりの照り焼き 主菜 197

漬け物

菊花かぶ 副菜 144
きゅうりの塩昆布茶漬け 副菜 147
にんじんとしらすのマリネ 副菜 146
白菜のはちみつゆず風味 副菜 144
ひらひら大根とにんじんの甘酢 副菜 147
棒長いものわさびじょうゆ漬け 副菜 146
みょうがとオクラの甘酢漬け 副菜 147
みょうがの甘酢漬け 副菜 145
ゆずと大根の甘酢 副菜 146
和風ピクルス 副菜 145

大根ご飯のいくらのせ 主食 158
たけのこご飯 主食 156
はまぐり飯 主食 158
ふきの炊きこみご飯 主食 157
豆とじゃこの炊きこみご飯 主食 156

どんぶり

あじの刺し身丼 主食 165
いか丼 主食 164
枝豆とうなぎの卵とじ丼 主食 163
親子丼 主食 50
かつおと納豆丼 主食 165
きのこのかき揚げおろしあんかけ丼 主食 164
牛丼 主食 162
三色丼 主食 163

混ぜご飯

揚げ里いもと青ねぎの混ぜご飯 主食 161
枝豆とえびの混ぜご飯 主食 160
カリカリじゃこのせ香味混ぜご飯 主食 161
せりとほたての混ぜご飯 主食 160

うどん

炒めねぎうどん 主食 168
牛ばらうどん 主食 168
豚肉となすのうどん 主食 166

そうめん

うなぎの煮そうめん 主食 168
セロリとねぎの炒めそうめん 主食 167

そば

きゅうりとごまの和えそば 主食 166

冷やむぎ

ゆで鶏ときゅうりのレモンごまだれめん 主食 167

汁物

みそ汁

いわしのつみれ汁 汁物 154
きのこと油揚げのみそ汁 汁物 150
小松菜とさつま揚げのみそ汁 汁物 151
根菜のみそ汁 汁物 151
さけとじゃがいも、玉ねぎのみそ汁 汁物 150
さつまいもと細ねぎのみそ汁 汁物 150
里いもとちくわぶのみそ汁 汁物 151
塩ざけと大根の粕汁 汁物 155
新じゃがと絹さやのみそ汁 汁物 148
たけのことわかめのみそ汁 汁物 148
とうがんとしょうがのみそ汁 汁物 149

菊花

菊花としめじと油揚げのおひたし 副菜 131

栗の甘露煮

栗きんとん 副菜 195

くるみ

くるみこうなご 副菜 141

ごま

えびの白ごま揚げ 主菜 196
きゅうりとごまの和えそば 主食 166
さんまのごま焼き 主菜 100
たたきごぼうのごま酢和え 副菜 136
豚肉といんげんのごま天 主菜 85
ほうれん草のごま和え 副菜 136
ゆで鶏ときゅうりのレモンごまだれめん 主食 167

こんにゃく、しらたき

おでん 主菜 172
手《た》綱《づな》こんにゃくとささごぼうの含め煮 副菜 141
筑前煮 主菜 16
煮しめ 副菜 198
ピーマンとこんにゃくの雷炒め 副菜 124
ふきとしらたきのきんぴら 副菜 125

ちくわぶ

里いもとちくわぶのみそ汁 汁物 151

餅

関西風雑煮 汁物 199
関東風雑煮 汁物 199

ゆず

白菜のはちみつゆず風味 副菜 144
ゆずと大根の甘酢 副菜 146

ご飯・めん

おこわ

簡単お赤飯 主食 159
炊きおこわ 主食 159

すし

いなりずし 主食 188
ちらしずし 主食 186
太巻きずし 主食 190

炊きこみご飯

かやくご飯 主食 52
新しょうがご飯 主食 157

料理指導
(五十音順、敬称略)

井澤由美子　石澤清美
石原洋子　市瀬悦子
伊藤玲子　今泉久美
植松良枝　宇野智子
枝元なほみ　大越郷子
大庭英子　小川聖子
葛西麗子　上村泰子
神谷信將　河村みち子
きじまりゅうた　検見﨑聡美
コウ静子　河野雅子
小林カツ代　小林まさみ
重信初江　清水信子
瀬尾幸子　瀬戸口しおり
高井英克　田口成子
舘野鏡子　千葉道子
堤 人美　豊口裕子
野﨑洋光　林 幸子
樋口秀子　福田芳子
藤井 恵　藤野嘉子
本田明子　牧野直子
武蔵裕子　村田裕子
本谷惠津子　柳原尚之
やまはたのりこ　渡辺あきこ

【新規撮影分】

料理指導
笠原将弘
(表紙、p.10~56)

大庭英子
(p.58~63、68、72、96、162、170~185)

撮影
竹内章雄
(表紙、p.10~56)

福地大亮
(家の光写真部、p.58~63、68、72、96、162、170~185)

スタイリング
梶山葉月
(表紙、p.10~56)

佐々木カナコ
(p.58~63、68、72、96、162、170~185)

アートディレクション
野澤享子
(Permanent Yellow Orange)

デザイン
高田明日美
(Permanent Yellow Orange)

撮影
鈴木正美

稲毛博之、津田雅人、
福地大亮、輕部泉希
(家の光写真部)

構成、文
川井紫夏子

栄養価計算
山田智子
(フード・アイ)

校正
かんがり舎

DTP制作
明昌堂

はじめてでもおいしく作れる 和食 永久保存レシピ

2015年2月15日　第1刷発行
2024年2月20日　第27刷発行

編　者　おいしい和食の会
発行者　木下春雄
発行所　一般社団法人　家の光協会
〒162-8448
東京都新宿区市谷船河原町11
電話　03-3266-9029(販売)
　　　03-3266-9028(編集)
振替　00150-1-4724

印刷・製本　図書印刷株式会社

ISBN978-4-259-56462-9 C0077